WEIL.

MARTIN MUSER

WEIL.

CARLSEN

Content Note
Dieses Buch enthält Elemente, die triggern können: Blut, physische und psychische Gewalt.

Wir behalten uns die Nutzung unserer Inhalte für Text- und Data-Mining im Sinne von § 44b UrhG ausdrücklich vor.

Carlsen-Newsletter: Tolle Lesetipps kostenlos per E-Mail!
Unsere Bücher gibt es überall im Buchhandel und auf carlsen.de.

© 2023 Carlsen Verlag GmbH, Hamburg
Völckersstraße 14–20
22765 Hamburg
Umschlaggestaltung und -typografie: formlabor
Lektorat: Wiebke Andersen-Oberschäfer
Herstellung: Karen Kollmetz
Satz: Dörlemann Satz, Lemförde
Druck und Bindung: GGP Media GmbH, Pößneck
ISBN 978-3-551-58493-9

Georg: Warum tun Sie das?
Paul: Warum nicht?

Funny Games

Franklin: I don't think I'm gonna be able to take it.

The Texas Chainsaw Massacre

EINS.

Die Zentralverriegelung öffnete sich mit einem Klacken. Knut nahm das Gepäck und ging damit zum Bus. In den Staub auf der Tür hatte jemand in krakeligen Buchstaben etwas geschrieben. Die Nachbar-Kids fanden es gerade witzig, ›Wasch mich!‹, Strichmännchen oder Pimmelbilder an die Autos zu malen. Auf der Tür stand das Wort »Opfer«. Knut zog die Augenbrauen hoch. »Opfer« – In einer Gegend, wo eigentlich nur Privilegierte wohnten, hatte das schon eine gewisse Komik.

Knut fiel ein, wie er früher vor dem Einschlafen oft gedacht hatte, dass er sich bei Gott bedanken müsse. Dafür, dass er oder das Schicksal es so gut mit ihm gemeint hatte. Wie naiv das gewesen war. Heute war Knut sich voll bewusst, dass er in der Lotterie des Lebens einfach das große Los gezogen hatte. Als Kind einer intakten Akademikerfamilie, als weißer, nichtbehinderter, heterosexueller Mitteleuropäer, aufgewachsen in einem behüteten Reihenhausviertel wie diesem.

Die Heckklappe schwang auf. Knut verstaute sein Gepäck im Laderaum. Den Rucksack und die Tasche mit den Büchern, die Kreilich als Pflichtlektüre genannt hatte. Kant, Aristoteles, Utilitarismus ... das waren die Prüfungsthemen. Kreilich wollte immer, dass sie mit den Originaltexten arbeiteten und nicht nur mit Auszügen. Knut bereute es nicht, dass er Ethik gewählt hatte. Die Klarheit im Denken, das war etwas, was ihn wirklich interessierte.

Er stieg ein und startete den Motor. Vorsichtig steuerte er den VW-Bus aus dem Carport vor dem Reihenhaus. Knut hatte den Führerschein erst seit vier Monaten, pünktlich zum Achtzehnten. Vier Monate, in denen er den Wagen bei jeder Gelegenheit genutzt hatte. Seine Eltern waren da zum Glück ganz entspannt. Sie fanden, dass er möglichst schnell möglichst viel Fahrpraxis sammeln sollte. Es passte, dass sie gestern zu einem Kongress nach Brüssel geflogen waren und der Bus das ganze Wochenende frei war.

Knut öffnete die Playlist. Die Bässe wummerten aus der Anlage. Vorfreudig trommelte Knut dazu auf dem Lenkrad. Er würde es locker schaffen, pünktlich um zwölf am Europaplatz zu sein, um die anderen abzuholen.

Esther stand am Küchentresen und packte den Proviant ein. Die Frischhalteboxen bestanden zu 60 Prozent aus recyceltem Meeresplastik. Es war Esther wichtig, ein Wertesystem zu haben. Zu wissen, was gut war und was schlecht. Es war schlecht, dass die reichen Länder den Planeten zerstörten. Es war schlecht, dass ein Zehntel der Erdbevölkerung hungern musste. Es war schlecht, dass in vielen Regionen Krieg und Gewalt herrschten. Gut war, dass es immer mehr Leute gab, die etwas dagegen tun wollten. Dazu zählte sie sich selbst.

Ein dumpfer Schlag ließ Esther zusammenzucken. Sie kannte das Geräusch und eilte zu dem großen Panoramafenster im Wohnzimmer. Auf der Dachterrasse davor lag eine junge Amsel.

Esther beugte sich über sie. Benommen und mit verdrehtem Kopf zuckte der Vogel hilflos mit den Flügeln. Sein glänzendes Auge starrte Esther an, während sich die kleine Brust hektisch hob und senkte. Esther spürte, wie es ihr den Hals zuschnürte. Sie konnte nicht hinschauen. Trotz der Habichtsilhouetten, die sie an die Scheiben geklebt hatten, passierte es immer wieder, dass Vögel dagegen flogen und sich das Genick brachen. Normalerweise übernahm Lars die Entsorgung, aber er und Annette waren längst aus dem Haus. Esthers Eltern arbeiteten beide Vollzeit in der Agentur. Sie hatten ihr am Abend den Schlüssel zum Ferienhaus auf den Tisch gelegt, dazu 150 Euro zum Aufstocken der Vorräte.

Esther überlegte, was sie machen sollte. Der Vogel atmete immer noch. War er verletzt oder stand er nur unter Schock? Sie streckte vorsichtig die Hand aus. Als sie ihn berührte, zuckte er, als hätte er einen elektrischen Schlag bekommen. Esther schreckte zurück. Wild flatternd torkelte der Vogel über den Boden, bis es ihm gelang abzuheben. Er flog über die Terrassenbrüstung und tauchte dahinter ab.

Esther sah ihm nach, konnte ihn aber zwischen den dichten Laubkronen der Straßenbäume nicht mehr entdecken. Sie kehrte erleichtert in die Küche zurück und packte schnell die Sachen ein. Sie musste sich beeilen.

Wieder hatte er die ganze Nacht wach gelegen und sich gewälzt. Als es hell wurde, war er aufgestanden und hatte sich in die Küche gesetzt. Es schmerzte und schmerzte und schmerzte. Nicht mal Kiffen half. Die Gedanken kreisten wie in einer Endlosschleife. Manuel hoffte, dass das Wochenende mit den anderen ihn irgendwie rausreißen würde. Aus diesem schwarzen Loch.

Er konnte es einfach nicht fassen, dass Leonie es getan hatte. Einfach so! Wie konnte sie? Wie konnte ihr das, was sie hatten, von einem Moment auf den anderen nichts mehr bedeuten? Vor drei Tagen hatten sie sich noch zusammen auf das Wochenende in Rehberg gefreut. Gemeinsam lernen, gemeinsam chillen, gemeinsame Zukunft, blablabla. Und am Abend kam dann ihre Textnachricht: *manu, wir haben es immer wieder versucht, aber es geht einfach nicht mehr für mich.*

Manuel spürte eine Welle der Wut in sich aufsteigen: Für dich? Und was ist mit mir?! Ich hasse, dich, Leonie. – Nein, Scheiße, ich liebe dich. Immer noch. Ich kann nicht ohne dich leben. Leonie, warum hast du alles kaputt gemacht?

es ist aus. Nach allem, was du für mich warst, was wir füreinander waren, was ich für dich getan habe. Du hast gesagt: Wir sind wie ein Zwillingsstern mit einem doppelten Kraftfeld.

manu, wir haben es immer wieder versucht ... Wieder und wieder ging er die Textnachricht Wort für Wort durch, als könne sich der Sinn dadurch doch noch verändern. *... aber es geht einfach nicht mehr ...*

Überhaupt: Beziehungsende per Textnachricht – wie billig war das denn?!

ich weiß jetzt, dass ich frei sein will. bitte melde dich nicht. bitte schreib mir keine nachrichten mehr. das macht es für uns beide nur schwerer. ich hoffe, dass wir irgendwann freunde sein können. mach es gut. leonie.

Freunde sein können – er könnte kotzen. Fick dich, Leonie! Er würde sie und alle Erinnerungen an sie aus seinem Herzen schneiden. Sie hatte jemanden wie ihn überhaupt nicht verdient.

Ich wünsche dir, dass du für immer und ewig unglücklich wirst! Manuel entfuhr ein Schluchzen und er fand sich selbst lächerlich. Ihm war zum Heulen, aber aus ihm kam keine Träne. Nicht mal das ging. Verdammt, Leonie. Es war ein Fehler. Komm zurück, komm bitte zurück.

Sie saß eingeklemmt auf dem Sitz am Fenster, den Rucksack vor sich auf dem Schoß. Der Mann neben ihr hatte die Beine weit gespreizt. Bei jedem Rucken der Straßenbahn spürte Selin, wie sein Knie ihren Oberschenkel berührte. »Können Sie sich mal ein bisschen weniger breitmachen?« Ihre Stimme klang scharf. Der Mann zog eilig seine Beine zusammen und nuschelte etwas Unverständliches.

Selin atmete tief durch. Als Kind war sie für ihre Wutanfälle berüchtigt gewesen. Das Gefühl, dass etwas ungerecht war, hatte sie explodieren lassen wie eine Bombe. Sie schrie und wälzte sich auf dem Boden. Zum Glück ihrer Eltern hatte sich die Phase irgendwann gelegt und die Anfälle waren seltener geworden. Geblieben war aber, dass Selin bis heute jede Form von Ungerechtigkeit nur schwer ertragen konnte. Sich dagegen zu wehren war wie ein innerer Zwang.

Ihr Sitznachbar stand auf, um auszusteigen. Selin atmete auf. Seit der Pandemie fand sie die Nähe zu Fremden oft beklemmend. Dazu kam die Hitze in dem Straßenbahnwagen. Der Rucksack drückte auf ihre Beine und sie spürte, wie das T-Shirt an ihrem Rücken klebte. Beim Packen hatte Defne sie mit ihren neugierigen Fragen gelöchert. »Warum nimmst du das ganze Schminkzeug mit, wenn du eigentlich nur zum Lernen fährst?«

Selin war erleichtert gewesen, als die Tür mit dem Salzteigschild »Hier wohnt Familie Yildiz« hinter ihr ins Schloss fiel. Erleichtert, dass sie rauskam aus der Enge der Dreizimmerwohnung, die sie mit ihren Eltern und ihren Geschwistern Defne und Bilge teilte. Ihre Eltern waren schon okay. Das war nicht der Punkt. Aber sie hatten einfach ganz andere Erwartungen. Sie dachten, dass sie gleich nach dem Abi studieren und Karriere machen würde. Jura, BWL oder noch besser Medizin. Aber Selin wollte nicht studieren. Sie hatte genug von dem ewigen Lernen. Politik, Geschichte, Ethik ... Das meiste war einfach nur Hirnwichserei alter weißer Männer. Sie brauchte kein Studium, um zu wissen, dass die Menschheit am Arsch war. Die Gesellschaft musste sich verändern, und zwar radikal.

Selin wollte sich nicht anpassen. Sie wollte ihr eigenes Leben leben, sich engagieren, helfen. Mit oder ohne Philipp. Der überlegte schon seit Ewigkeiten, was er machen solle, und konnte sich nicht entscheiden. Selin hatte sich als Volunteer in einem Geflüchtetencamp in Griechenland beworben. Vor einer Woche kam die Zusage, dass sie im August anfangen könne. Philipp hatte einfach Schiss, aus seiner Komfortzone rauszukommen.

Wer von ihnen war eigentlich auf die Idee gekommen, den Europaplatz als Treffpunkt auszuwählen? Das Einzige, was man sich hier holen konnte, war eine Feinstaublunge.

Philipp scannte den Verkehrsstrom und hielt nach dem VW-Bus Ausschau. Seine Mutter hatte ihn auf dem Weg zur Arbeit hier abgesetzt und er war viel zu früh. Er saß auf dem kleinen Rollkoffer und checkte die Nachrichten auf seinem Handy, während die Passanten an ihm vorbeihasteten.

»Do you need help?« Eine Frau mit Rastalocken und Regenbogenhalstuch war stehen geblieben und lächelte ihn an. Philipp schüttelte den Kopf. »Alles gut. Ich komm klar.«

Im Gruppenchat poppte eine neue Nachricht auf. Von Knut: *+10 wg stau.* Philipp schaute auf die Uhr: 11.52 h. Er freute sich auf das Wochenende. Auch wenn sie sich schon länger kannten, vor allem Knut und er, als Gruppe waren sie erst in der Oberstufe so richtig zusammengekommen. Und es hatte trotz – oder wegen – der Pärchennummer bisher immer gut funktioniert. Also, mehr oder weniger. Dass Leonie mit Manuel Schluss gemacht hatte, war natürlich Scheiße. Erst große Liebe und dann von einer Sekunde auf die andere alles vorbei. Aber Manuel würde schon drüber hinwegkommen. Nur schade, dass Leonie damit raus war. Zwischen Knut und Esther lief es auch gerade nicht so super. Sie machte dauernd Druck wegen der Zeit nach dem Abi, ihrem Praktikum in New York und sagte, dass Knut auch mal planen müsse. Aber Knut wusste selbst nicht so genau, wie es für ihn weitergehen sollte. Studieren? Jobben? Reisen? Philipp ging es ähnlich und vielleicht würden sie beide ja auch erst ein bisschen um die Welt ziehen. Afrika, Asien, Lateinamerika.

»Wollten wir uns nicht auf der anderen Seite treffen?« Philipp drehte sich um. Hinter ihm stand Selin. Mit dem großen Rucksack auf dem Rücken sah sie irgendwie ganz klein aus.

»Schon möglich, dass du recht hast.« Philipp ging zu ihr und sie küssten sich. »Hi.«

»Hab ich.« Selin deutete auf den Verkehr. »Stadtauswärts gehts in die Richtung. Und Manu ist auch schon da.«

Jetzt erst bemerkte Philipp Manuel, der auf der anderen Seite der Kreuzung stand. Hatte er etwa auch schon die ganze Zeit dort gewartet? Er trat von einem Fuß auf den anderen und rauchte.

»Hey, Manu!«, rief Philipp und winkte. Aber durch den Verkehrslärm hörte Manuel ihn nicht. Vielleicht hatte er auch Kopfhörer drin.

Als Knut den Europaplatz erreichte, standen die anderen schon alle da. Er hupte zweimal kurz, setzte den Warnblinker und hielt auf der rechten Spur.

Manuel, der blass und übernächtigt aussah, witzelte: »Mann, Alter, wir dachten schon, wir müssen laufen.«

Knut und Manuel klatschten sich durchs Fenster ab. »Sorry. Auf dem Ring war ein Unfall. Alles dicht. Ich musste einen Umweg fahren.«

Philipp hatte schon die Heckklappe geöffnet und lud das Gepäck ein.

Esther kletterte auf den Sitz neben Knut, umarmte ihn und drückte ihre Lippen auf seinen Mund. »Auf gehts, Leute, ab ins Boot-Camp!«

Selin rüttelte an der Schiebetür und bekam sie nicht auf.

»Drücken und zur Seite ziehen!«, rief Knut.

Manuel wollte helfen, aber da hatte Selin die Tür schon auf und stieg ein. Lautes Hupen schreckte sie auf. Hinter ihnen drängelte ein Linienbus, der an die Haltestelle fahren wollte. Knut sah im Rückspiegel, wie der Fahrer wild gestikulierte.

»Bin ja schon weg. Reg dich nicht auf, du Arsch!«

Philipp sprang in den Bus und schob schnell die Tür zu. Knut gab Gas, fuhr mit quietschenden Reifen los und fädelte sich in den Verkehr ein. »Alle an Bord?«

Die Antwort von der Rückbank: »Yallah!«

Knut hob grinsend den Daumen und drehte die Musik lauter. Manuel klatschte wie ein durchgeknallter Animator im Takt.

Der Bus fuhr über die Landstraße. Esther hielt den Kopf in den warmen Fahrtwind, der durchs offene Seitenfenster blies. Sie hatten die Stadt hinter sich gelassen. Wald, Felder und Wiesen säumten die Straße. Esther freute sich auf Rehberg, auf das Haus, auf die Zeit mit den anderen. Nur Manuel tat ihr ein bisschen leid. Als Janik, ihre erste große Liebe, sie vor zwei Jahren verlassen hatte, dachte sie, die Welt ginge unter. Sie drehte sich zu Manuel um. »Hat Leonie sich noch mal gemeldet?«

»Nee.« Manuel, der zwischen Philipp und Selin auf der Rückbank saß, schüttelte abfällig den Kopf. »Ist auch besser so.«

Philipp nahm einen Schluck aus seiner Club-Mate. »Schon irgendwie krass. Ihr habt immer so harmonisch gewirkt.« Er warf einen schnellen Seitenblick zu Selin.

Manuel grinste schief. »Waren wir ja auch. Dachte ich. Aber eben nur bis vorgestern.«

»Vielleicht überlegt Leo es sich ja noch mal«, sagte Knut. »Sie ist immer bisschen impulsiv.«

Manuel verzog das Gesicht. »Weiß nicht, ob ich das überhaupt wollen würde. So, wie sie Schluss gemacht hat ...«

Selin schaltete sich ein. »Es ist immer Scheiße, wenn man verlassen wird. Aber ein harter Schnitt ist trotzdem besser, als lange drumrumzulabern. Das ist wie Milch, bei der das Mindesthaltbarkeitsdatum abgelaufen ist. Wenn du dir die noch in den Kaffee kippst, wird alles sauer. Besser gleich weg damit.«

Philipp fühlte sich durch Selins Bemerkung selbst angepikst. »Das ist jetzt bestimmt supertröstlich für Manu.«

Esther war es unangenehm, dass das Gespräch sich so entwickelt hatte und plötzlich so eine Spannung da war.

Aber Manuel winkte ab. »Passt schon. Lasst uns einfach nach vorne schauen. Wir haben gesagt, wir machen uns 'n schönes Wochenende. Und das machen wir auch.«

Eine Weile fuhren sie schweigend. Knut konzentrierte sich auf die Straße. Ihm fiel auf, wie viele tote Tiere am Rand lagen. Auf den wenigen Kilometern hatte er schon zwei Katzen, einen Fuchs und ein bis zur Unkenntlichkeit deformiertes Fellbündel gezählt, das ihm seltsam groß erschienen war. Das Navi zeigte an, dass er sich an der nächsten Abzweigung rechts halten sollte.

»Gleich musst du rechts«, sagte Esther.

Knut, der nur darauf gewartet hatte, nickte. »Hab ich im Blick.«

Esther lächelte und legte kurz die Hand auf seinen Oberschenkel. Knut mochte die Art, wie sie ihn berührte. Er mochte es, dass Esther ihre Zuneigung auch körperlich zeigen konnte. Er selbst war da eher gehemmt. In seiner Familie waren sie alle so. Er konnte sich nicht erinnern, wann seine Eltern sich das letzte Mal vor seinen Augen berührt hatten. Kein Kuss, keine Umarmung, keine zärtliche Berührung der Hände. Als Kind hatte seine Mutter ihm manchmal den Kopf gekrault und das Gefühl hatte ihm wohlige Schauer über den Rücken gejagt. Aber irgendwann hatte sie den Körperkontakt eingestellt. Eine kurze Umarmung zur Begrüßung und zum Abschied war das höchste Maß an Intimität. Sein Vater neutralisierte die Geste zudem meist mit einem robusten Klopfen auf die Schulter: ›Machs gut, Junge.‹ Und danach waren alle erleichtert, wieder auf Abstand gehen zu können. Knut empfand sich in seinem eigenen Körper oft als fremd und ungelenk. Als gehöre der eigentlich nicht zu ihm, sondern sei so etwas wie ein Außenposten. Und manchmal hatte er die Sorge, dass er Esther körperlich nicht genug bieten könne. Sie war seine erste Freundin. Esther hatte vor ihm schon andere Beziehungen gehabt. Sie sagte, nur Affären. Aber Knut fühlte sich ihr deswegen trotzdem irgendwie unterlegen. Die Vorstellung, dass sie einen Vergleich hatte, er aber nicht, quälte ihn.

Er nahm die Ausfahrt. Nach ein paar Hundert Metern kam eine Parkbucht. In der Einfahrt stand ein Anhalter und streckte den Daumen raus.

Knut deutete auf ihn. »Sollen wir den mitnehmen?«

Die anderen reckten die Köpfe.

»Nur, wenn er gut aussieht«, scherzte Esther.

Alle Blicke gingen auf den Anhalter. Ein junger Typ in Trainingsjacke und Cargo-Hosen mit einer schwarzen Tasche über der Schulter.

»Ich weiß ja nicht …«, meinte Philipp unschlüssig.

Aber da hatte Knut schon das Steuer rumgerissen. Der Bus bog in letzter Sekunde in die Parkbucht ein und bremste ab.

Der Anhalter hatte dünnes strähniges Haar. Seine Gesichtshaut sah blass und durchlässig aus, wie Porzellan. Selin fand ihn auf Anhieb unsympathisch. Nachdem er gefragt hatte, in welche Richtung sie fuhren, öffnete er die Seitentür. Selin machte ihm Platz und wechselte nach vorne zu Esther. Der Anhalter setzte sich neben Manuel und Philipp auf die Rückbank. »Cool, dass ihr mich mitnehmt.«

»Kein Ding.« Knut fuhr aus der Parkbucht zurück auf die Straße.

Selin öffnete das Seitenfenster ein Stück weiter. Ihr war, als könne sie den Atem des Anhalters in ihrem Nacken spüren. Er beugte sich vor und kramte etwas aus der Tasche zwischen seinen Füßen. Eine Dose Monster Energy. Als er sie öffnete, spritzte die Flüssigkeit heraus und tropfte auf den Sitz. Selin sah, wie Knut in den Rückspiegel schaute und missbilligend die Stirn runzelte.

»Und du willst also nach Frankfurt?« Manuel versuchte Konversation zu machen.

»Ich hab nicht gesagt, dass ich nach Frankfurt will«, sagte der Anhalter. »Ich hab gesagt: ›Richtung Frankfurt.‹«

Erneutes Schweigen. Nur unterbrochen von dem lauten Schlürfen, das der Typ beim Trinken machte. Selin schaute zu Esther. Sie sah ihr an, dass ihr die Situation ebenfalls unangenehm war.

Schließlich verzog der Anhalter das Gesicht zu einer schiefen Grimasse: »Und ihr? Wo fahrt ihr hin?«

»Sagt dir Rehberg was?«, fragte Esther.

»Rehberg«, wiederholte der Anhalter langsam, als sei er ein bisschen begriffsstutzig. »Was wollt ihr denn in Rehberg?«

Selin überlegte, ob er vielleicht irgendwas hatte, eine Behinderung oder so. Okay, das war jetzt das falsche Wort. Aber wenn er was hatte, dann wäre das eine Erklärung und sie schämte sich, dass sie ihn deswegen vorschnell verurteilt hatte.

Wir fahren nach Rehberg, weil Esthers Eltern da ein Wochenendhaus haben«, erklärte Manuel.

»Dass ihr aus der Stadt seid, ist eh klar.« Der Anhalter nahm einen weiteren Schluck. »Sieht man ja am Autokennzeichen.« Er nickte wissend.

Manuel sah im Rückspiegel, wie Knut vorne am Steuer ein Voll-Pfosten-Gesicht machte. Esther musste kichern. Es war zu albern. Auch Selin hatte Mühe, das Lachen zu unterdrücken. Der Anhalter schien nichts davon zu merken.

»Die Leute aus der Stadt kaufen den Leuten hier das Land weg, um da Urlaub zu machen.« Der Anhalter sagte das, als sei es eine einfache Feststellung.

»Wir haben das Haus schon seit 10 Jahren«, sagte Esther, als müsse sie sich verteidigen.

»Und wir machen da auch keinen Urlaub«, stellte Philipp klar, »wir arbeiten da.«

»Arbeiten?« Der Anhalter kicherte nun selber. »Was arbeitet ihr denn?«

Philipp wurde es langsam zu blöd. Manuel kannte den Tonfall in seiner Stimme, wenn er genug hatte. »Lernen. Fürs Abi«, sagte er herablassend.

»Du machst Abi?« Der Anhalter schaute Philipp an und drückte die Dose, dass es laut knackte.

Philipp kniff die Augen zusammen. »Hast du ein Problem damit?«

Der Anhalter zuckte mit den Achseln. »Ich hätte es nicht gedacht.«

»Und warum nicht?« Philipps Stimme verschärfte sich.

Selin hatte den Kopf gedreht und verfolgte den Dialog mit gerunzelter Stirn.

Der Anhalter lächelte schief. »Ich hätte es halt einfach nicht gedacht, dass einer wie du Abi macht.«

»Einer wie ich?«, hakte Philipp nach.

Jetzt schauten alle gespannt auf den Anhalter. Knut fixierte ihn im Rückspiegel.

»Na ja, du weißt schon ... weil ...«

Der Anhalter hob die Hände und fasste sich ins Gesicht.

»Weil ich Schwarz bin«, sagte Philipp.

Der Anhalter grinste achselzuckend.

Selin konnte nicht mehr an sich halten. »Merkst du eigentlich, was du hier gerade abziehst?« Sie funkelte den Anhalter an der Kopfstütze vorbei an. »Was für 'ne rassistische Kackscheiße!« Dessen Dauergrinsen machte sie noch wütender. »Wie wärs mit einer Entschuldigung?!«

Der Anhalter wandte sich an Manuel. »Hat die gerade ihre Tage oder regt die sich immer so schnell auf?«

»Du solltest jetzt lieber ganz schnell die Fresse halten!«, sagte Selin scharf.

»Häh, wieso?« Der Anhalter verstand nicht. Oder wollte einfach nicht verstehen. »Ich hab nix gegen Schwarze und auch nix gegen Türken. Wem's hier nicht gefällt, kann ja gehen.«

»Eeeey!« Manuel rückte demonstrativ von dem Anhalter ab. »Halt jetzt wirklich besser mal die Klappe, ja?«

»Allerdings«, sagte Knut bestimmt. »Sonst kannst DU nämlich gleich wieder gehen.« Er trat demonstrativ auf die Bremse.

»Okay, okay. Ich sag nichts mehr.«

Der Anhalter drehte den Kopf und sah aus dem Fenster, als ginge ihn das alles gar nichts an.

Knut fuhr weiter und beschleunigte wieder.

Manuel meinte zu hören, wie der Anhalter leise in sich hinein-kicherte. Manuel verstand Philipps und Selins Empörung. Aber er wusste auch, dass sie in solchen Fällen meistens nichts brachte.

Knut hatte an der Tankstelle gehalten, obwohl der Tank noch halb voll war. Der Bus stand neben der Zapfsäule. Knut war ins Kassenhäuschen gegangen, um zu bezahlen. Philipp lehnte am Kotflügel und besprach sich mit den anderen.

»Was für ein ekliges Arschloch«, sagte Selin.

Esther verzog das Gesicht und schüttelte sich. »Zum Kotzen, dass diese Typen sich das einfach so trauen.«

Manuel kaute Kaugummi, als wolle er ihn zermalmen.

»Ja, schon.« Philipp schaute Richtung Toiletten, wohin der Anhalter verschwunden war. »Aber irgendwas stimmt nicht mit dem.«

Das war nicht der übliche Alltagsrassismus, den Philipp kannte. Die unterschwelligen Diskriminierungen, die einem überall immer wieder reingedrückt wurden. Die Frage, woher er eigentlich komme. Der Türsteher, der ihn auf Drogen filzt. Die Oma in der Straßenbahn, die panisch ihre Tasche schnappt, wenn er sich neben sie setzt. *Für mich spielt Hautfarbe keine Rolle ...* Gerade die, die superliberal taten, waren besonders subtil beim Ausgrenzen. *Das hab ich doch nicht so gemeint, du bist einfach zu empfindlich.*

Aber dieser Typ hier meinte es genau so, wie er es sagte. Und doch irritierte Philipp irgendetwas an ihm.

Knut kam aus dem Kassenhäuschen zurück. Er steckte die Tank-quittung in sein Portemonnaie und schaute sich nach dem Anhalter um. »Ist er immer noch auf dem Klo?«

Manuel spuckte den Kaugummi in hohem Bogen Richtung Müll-eimer und traf. »Wahrscheinlich zu blöd zum Scheißen.«

Knut zog eine Grimasse.

»Wir fahren einfach ohne ihn weiter.« Selin sprach aus, was alle dachten.

»Gute Idee«, sagte Knut.

Manuel grinste breit. »Es ist vielleicht nicht ganz okay – aber gerade deswegen voll okay.«

»Selbst schuld. Die Lektion hat er verdient.« Selin stieg ein.

Knut saß schon hinter dem Steuer. »Also los.«

Philipp spürte, wie etwas in ihm zögerte. Trotz allem erschien es ihm plötzlich feige, einfach abzuhauen.

Esther winkte ungeduldig. »Jetzt komm schon!«

»Oder willst du dir noch mehr rassistische Kackscheiße anhören?« Selin verstand nicht, was er hatte.

Philipp stieg als Letzter ein und schob die Seitentür zu.

Knut zündete den Motor. »Bye-bye, Asshole!«

Er gab Gas. Der Bus rollte Richtung Ausfahrt. Auf der Rückbank drehten sich Philipp und Manuel um. Sie sahen durchs Heckfenster, wie der Anhalter aus der Toilette kam und sich irritiert umschaute. Als er den Bus entdeckte, beschleunigte er seinen Schritt und winkte. Dabei sah er irgendwie ganz kindlich und hilflos aus. Schließlich fing er an zu rennen. Doch dann wurde ihm klar, dass er keine Chance hatte, und er blieb stehen. Sein Mund verzog sich, ein stummer Ausdruck des Protests, der Philipp irgendwie anrührte.

Plötzlich fiel ihm der Satz vom *Krieg aller gegen alle* ein. Hobbes, sechzehnhundertirgendwas. Kreilich hatte ihn in fettem Rot auf das Smartboard geschrieben. *Der Mensch ist des Menschen Wolf.* Oder: Wenn ich dich jetzt nicht plattmache, machst du mich platt. Permanenter Kampf als Normalzustand.

Liam stützte sich mit den Händen auf die Knie und versuchte seinen Atem zu beruhigen. Die Gedanken in seinem Kopf strudelten wild durcheinander. Der Bus war ohne ihn weitergefahren. Hatten die ihn vergessen oder es mit Absicht gemacht? Liam wusste es nicht. Er wusste nur, dass das Ganze ein Fehler war. Fehler, Fehler, Fehler ...

Liam fuhr sich über sein verschwitztes Gesicht. Seine Hände rochen nach Flüssigseife. Er schüttelte langsam den Kopf und tastete nach dem Handy in seiner Jacke.

Jemand musste den Fehler wiedergutmachen.

Mann, was für ein Vollidiot!« Manuel lachte laut. Die Stimmung war jetzt ausgelassen, fast schon überdreht. Knut fuhr mit Schwung durch die Kurven. Die Fenster weit offen. Er hatte die Musik wieder laut gedreht und alle schrien die Erleichterung aus sich raus.

»Sagt der: ›Ich hab nix gegen Schwarze.‹« – »Ich fass es nicht!« – »Das war das letzte Mal, dass ich einen Tramper mitgenommen hab!«

Manuel schnippte und pogte im Takt der Musik und spürte, wie sein Fuß an etwas Weiches stieß. Er beugte sich vor. »Hey, Leute ...« Er zog die schwarze Tasche unter der Rückbank hervor. »Ich glaub, der Kollege hat was vergessen!«

Philipp, Esther und Selin schauten auf die schwarze Tasche.

Knut blickte in den Rückspiegel. »Kacke. Ist was Wichtiges drin?«

Die Tasche war ein billiges Modell aus dünnem Nylon. Manuel öffnete sie und holte mit spitzen Fingern den Inhalt heraus. Noch zwei Monster-Energy-Dosen, ein zusammengeknülltes T-Shirt, Papiertaschentücher, ein Streifen Tabletten und ein Zauberwürfel.

Manuel schaute auf die Tabletten und zog die Augenbrauen hoch. »Drogen?«

Die meisten waren schon aus dem Streifen rausgedrückt. Nur vier waren noch drin. Manuel kniff die Augen zusammen und versuchte den Aufdruck auf der Aluminiumfolie zu lesen: »*Fleca* ... irgendwas ...«

»Scheiße. Da müssen wir wohl noch mal zurückfahren«, seufzte Esther.

Manuel drehte an dem Zauberwürfel. Die Plastikquadrate waren so abgegriffen, dass die Farben nur noch zu erahnen waren.

»*Fleca* ... mit c?« Philipp googelte den Tablettennamen auf seinem Handy.

»Auf keinen Fall fahren wir zurück!«, sagte Selin.

»Hier ist gerade kein Netz ...« Philipp ließ das Handy sinken. »Also was jetzt?«

Knut zögerte. »Klar, unter normalen Umständen wäre Zurückfahren das einzig Korrekte ...«

Manuel packte die Sachen wieder in die Tasche.

»Aber die Umstände waren nicht normal«, fuhr Knut fort. »Der Typ hat sich superscheiße verhalten. Dafür hat er es voll verdient, einfach stehen gelassen zu werden. Dass seine Tasche weg ist, ist einfach Pech für ihn. Niemand hat das gewollt.«

»Ja, und genau deswegen sollten wir zurückfahren«, widersprach Esther. »Vielleicht sind die Sachen ja wichtig.«

Manuel stellte sich die Situation bildlich vor. »Und dann gehst du zu dem Typen und sagst: ›Hey, wir haben dich absichtlich stehen gelassen. Aber hier ist deine Tasche.‹«

Selin blies verächtlich Luft aus. »Mit Rassisten und Sexisten hab ich null Mitleid. Schmeiß das Ding einfach aus dem Fenster.«

»So irrsinnig wichtig kann der Krempel jetzt auch nicht sein ... ein olles T-Shirt ... und die Plörre ist eh ungesund.« Knut sah zu Esther.

Sie wirkte alles andere als überzeugt. Aber sie war eindeutig über-stimmt. Und es ging schon in Ordnung, dass sie mal was Unkorrektes tun musste, fand Manuel. Moralisch gesehen hatte Esther manchmal einen Stock im Arsch.

»Oooookay.« Manuel ließ das Fenster bis zum Anschlag runter-fahren. »Eins ... zwei ...«

Esther hatte kapituliert und zuckte mit den Achseln: Na gut.

»... drei!«, schrien Manuel, Philipp, Selin und Knut im Chor.

Manuel gab der Tasche einen Stoß. Sie flog nach draußen, der

Fahrtwind erfasste sie und riss sie trudelnd mit sich. Sie überschlug sich mehrmals im Gras und verschwand im Straßengraben.

Das Licht der Nachmittagssonne schimmerte golden auf den Hügelkuppen. Rehberg lag in einer Senke. Dahinter begann im Osten ein großes Waldgebiet. Die Gegend war nur dünn besiedelt. Es hieß, die Region leide seit Jahrzehnten unter Landflucht. Mehrere der alten Häuser im Dorf standen leer. Die Fenster waren mit Brettern vernagelt. Der Bäcker hatte nur noch dienstags und freitags auf und bis zum nächsten Supermarkt im Nachbarort waren es acht Kilometer.

Das Haus stand etwas abseits am südlichen Dorfrand am Ende einer Stichstraße. Gleich dahinter begann der Wald mit dem See. Esthers Eltern hatten das Haus vor zehn Jahren günstig gekauft. Mittlerweile waren Häuser in guter Lage sehr gefragt. Immer mehr Städter suchten nach einem Landsitz für den Sommer. Und manche zogen auch ganz raus. Nachdem Rehberg ans Glasfasernetz angeschlossen worden war, konnte man hier auch Homeoffice machen.

Der Bus hielt vor der Einfahrt. Esther sprang raus und öffnete das Tor. Knut parkte auf der Rasenfläche neben dem Haus. Alle stiegen aus.

»So geil, wieder hier zu sein!« Manuel streckte sich.

Philipp pflückte einen Apfel vom Baum. Er biss rein und verzog das Gesicht. »Uah, sauer.« Er warf ihn in die Hecke.

»Was dachtest du denn? Die sind erst im Herbst reif.«

Esther schaute rüber zum Nachbarhaus. Die Fensterläden waren geschlossen. Aber das hatte nichts zu bedeuten. Günther Hanika war eigentlich immer da. Die Male, wo er sein Haus verließ, um einkaufen zu fahren oder zum Arzt, waren selten. Er war schon lange vor Esthers Eltern aus der Stadt hierhergezogen. Er lebte allein mit seinem Hund Telemann. Hanika war Orchestermusiker gewesen. Oboist. In den ersten Jahren war sein Spiel auch regelmäßig zu hören gewesen. Tonleitern und Orchesterpassagen. Esther erinnerte sich, wie der quäkende Oboen-Klang über den Garten wehte. Aber dann übte Hanika immer seltener und fuhr auch nicht mehr in die Stadt. Es hieß, dass eine Krankheit ihn berufsunfähig gemacht hatte. Irgendwas mit den Nerven. Er wurde immer eigenbrötlerischer und feindseliger, beschwerte sich ständig über Lärm. Und Esther durfte auch nicht mehr mit Telemann spielen, den sie immer gerne zu sich gelockt hatte. Hanika war ihr seit jeher ein bisschen unheimlich gewesen. Aber jetzt fing sie an, Angst vor ihm zu haben, und wünschte sich, dass er weg wäre.

Sie gingen ins Haus und verteilten die Zimmer. Esther und Knut nahmen das große Schlafzimmer oben, Selin und Philipp das kleine. Manuel erklärte sich mit gespielter Leidensmiene bereit, unten auf der Couch zu schlafen. »Mit mir kann man es ja machen.«

Danach ging Esther raus, um zu gießen. Ihre Eltern waren erst vor ein paar Tagen hier gewesen. Aber die Pfingstrosen in den Staudenbeeten ließen schon die Blätter hängen, der Rittersporn sah welk aus. Die Sommer wurden immer heißer und trockener. Letztes Jahr hatte es ein paar Kilometer weiter einen Waldbrand gegeben. Der Rauch war so dicht und beißend gewesen, dass sie in die Stadt zurückfahren mussten.

Esther tauchte die Gießkanne in den trüben Rest, der noch in der Regentonne war, und schleppte sie zu dem Beet hinter dem Haus. Ihr Vater begeisterte sich für alte Gemüsesorten, die es im Supermarkt nicht mehr zu kaufen gab. Der Anbau war eins seiner Projekte und er war immer wahnsinnig stolz, wenn die Ernte gut war. Aus den frischen Kartoffeln, Rüben, Karotten und Tomaten kochte er dann spezielle Gerichte und alle mussten immer den besonderen Geschmack loben.

In der Küche packten Knut und Philipp die Vorräte aus. Manuel verband sein Handy mit der Bluetooth-Box. Aus den Lautsprechern perlte warmer Deep House. Die Box hatte satte Bässe und kristallklare Höhen. Alles hier im Haus war sehr geschmackvoll und durchgestylt. Man sah, dass Esthers Eltern Kohle hatten. Manuel strich über die chromglänzende Espressomaschine auf der Anrichte. Sie kostete garantiert ein paar Tausend Euro. Die Kochbücher im Regal darüber waren nach Farben sortiert. Das Geschirr in den Fächern war alles Designer-Ware.

Manuel schlenderte weiter ins Wohnzimmer, wo eine weitere Box stand, die mit der in der Küche verbunden war. Durch das Terrassenfenster hatte man einen Wahnsinnsblick. In den Garten, wo Esther mit der Gießkanne rumging, über das Feld dahinter bis zum Wald. Plötzlich zuckte Manuel zusammen. Die Eröffnungsakkorde des gerade anlaufenden Titels versetzten ihm einen Stich. Er griff schnell zu seinem Handy und übersprang den Song auf der Playlist. Es war einer von Leonies Lieblingstiteln und sie hatten ihn oft zusammen gehört. Vor allem am Anfang, als sie voll verliebt waren. Bitch! Echt zum Kotzen, seine ganze Musik war jetzt kontaminiert von ihr.

»Kommste mit?« Philipp schaute aus der Küche ins Wohnzimmer. »Kurz in den See springen zum Abkühlen?«

»Und was ist mit Kochen?«, fragte Selin.

»Können wir doch danach noch machen«, sagte Knut.

»Ich krieg aber jetzt schon Hunger«, sagte Selin. »Und so ein Risotto braucht mindestens 'ne Stunde.«

»Ich kann ja schon mal anfangen«, sagte Esther. »Geht ihr ruhig. Ich hab den See hier oft genug.«

Esther und Selin schnippelten Champignons und Schalotten. Philipp und Knut hatten noch mal gefragt, ob sie wirklich nicht helfen sollten, um dann gut gelaunt mit Manuel zum See abzuziehen.

Selin war auch deswegen geblieben, weil sie den Moment mit Esther alleine haben wollte.

»Was läuft im Hirn von so einem Typen eigentlich ab?« Die Sache mit dem Anhalter beschäftigte sie immer noch.

»Keine Ahnung«, sagte Esther und löschte die Zwiebeln im Topf mit Weißwein ab, dass es zischte. »Ist mir eigentlich auch egal. Wir werden eh nie wieder was mit ihm zu tun haben.«

»Aber dafür mit all den anderen Typen, die sich genauso verhalten.« Selin gab Reis und Gemüsebrühe in den Topf und fing an zu rühren. »Aggro, rassistisch, sexistisch, frauenverachtend ... solange Männer damit durchkommen, wirds nie echte Gleichberechtigung geben.«

»Schau uns mal an«, sagte Esther. »Wir stehen hier in der Küche und die Jungs springen erst mal in den See.«

»Die alten Rollen ... Meine Mutter hat immer gepredigt, dass ich auf eigenen Beinen stehen soll. Dabei bekocht sie meinen Vater bis heute, putzt, kauft ein, sorgt dafür, dass alles immer schön und gemütlich ist.«

»Voll paradox.« Esther stellte die Hitze der Herdplatte kleiner.

Selin rührte weiter. »Mein Vater hat im Haushalt keinen Finger krumm gemacht. Nicht mal jetzt, wo er in Rente ist. Er liest Zeitung, guckt Fußball und jammert, wie kaputt ihn die Arbeit gemacht hat. Und insgeheim ist meine Mutter froh, wenn er sie in Ruhe machen lässt.«

»Dafür haben wir Oxana. Sie kommt jede Woche und danach sieht die Wohnung wieder picobello aus. Vorher gabs oft Streit, wer was macht.«

»Nicht jeder kann und will sich eine Putzfee leisten.«

»Es ist schon auch komisch, wenn andere den Dreck von einem wegmachen.« Esther holte Parmesan aus dem Kühlschrank. »Wer will, kann sich den ja druntermischen.«

Selin überließ Esther das Rühren, nahm den Käse und die Reibe. Esther ernährte sich seit Jahren vegan. Aber sie fand es okay, wenn andere Fleisch und Milchprodukte aßen.

»Die Keimzelle der Unterdrückung der Frau ist der Haushalt.«

Selin sah Esther fragend an. »Wo hast du das denn jetzt her?«

»Irgendwo gelesen – und gleich abgespeichert.«

Selin bearbeitete den Käse mit der Reibe. »Aber der Haushalt ist gleichzeitig auch die Keimzelle der feministischen Revolution. Ich sag's dir, Baby.« Sie hörte auf zu reiben, legte eine Hand auf Esthers Hintern und imitierte eine tiefe Männerstimme: »Ihr zaubert einfach immer so was Leckeres …«

Esther kicherte. »Ja, weil ihr außer Pasta, Eiern oder Käsebrot einfach nix auf die Kette kriegt.«

Selin zog den Löffel aus dem Risotto, leckte ihn ab und gab Esther einen schmatzenden Kuss. »Schmeckt!«

Sie hatten alle Hunger und tranken Wein und Bier zum Essen. Philipp, Knut und Manuel saßen mit nassen Haaren am Tisch. Das Seewasser roch leicht brackig auf der Haut. Das Schwimmen hatte ein angenehm entspanntes Körpergefühl hinterlassen.

Philipp faltete ein Salatblatt auf seine Gabel. »Morgen koch ich.«

Esther und Selin warfen sich einen Blick zu.

»Und ich spül nachher ab und räum die Küche auf«, sagte Knut und kratzte den letzten Rest Risotto aus der Schüssel.

Die Terrassentüren standen weit offen. Die kühle Abendluft wehte von draußen in den Raum. Philipp fröstelte und schlüpfte in den Pullover, den er sich über die Schultern gelegt hatte.

Manuel baute einen Joint und sie setzen sich alle auf die Terrasse. Während der Joint rumging, machten sie einen Plan für die nächsten zwei Tage. Esther sorgte dafür, dass die Koch- und Küchenzuständigkeit gerecht verteilt wurde, und schrieb die Namen auf einen Zettel. Danach besprachen sie das Lernprogramm: pro Tag drei Blöcke à zwei Stunden mit je einer Stunde Pause dazwischen.

Philipp inhalierte, hielt den Rauch in der Lunge und legte den Kopf in den Nacken. Der Himmel über ihnen pulsierte in einem unwirklichen Blau.

Um Punkt zehn drehte Esther die Musik im Haus leise und deutete dabei Richtung Nachbargrundstück. Hanika sollte keinen Grund zur Beschwerde haben.

Im großen Schlafzimmer lag Knut auf einer Seite des breiten Doppelbetts. Etwas hatte ihn am Oberschenkel gestochen und er kratzte sich. Aus dem Bad hörte er Wasserrauschen.

Von nebenan drang Selins und Philipps angeheitertes Kichern durch die dünne Holzwand. Knuts Blick fiel auf den Bücherstapel auf dem Nachttisch neben ihm. Krimis und Sachbücher, »Vom Ich zum Wir«, »Die Krise des Begehrens«, »Männerliebe – Frauenliebe« ... psychologische Ratgeber. Knut fragte sich, ob Esthers Mutter sie las oder ihr Vater.

Es war ein komisches Gefühl, in dem Bett zu liegen, in dem sonst Esthers Eltern schliefen. Lars Boehme und Annette Irmscher-Boehme. Beide arbeiteten als Mediengestalter und hatten eine Agentur, die ziemlich erfolgreich war. Im Gegensatz zu seinen eigenen Eltern, die auf eine solide langweilige Art wertkonservativ waren, kamen ihm Esthers Eltern immer irre cool und lässig vor. Ihr Vater Lars spielte Basketball, war Gitarrist in einer Band gewesen und kannte sich voll gut mit Musik aus. Ihre Mutter Annette hatte in besetzten Häusern gewohnt und angeblich mal als Stripperin gearbeitet.

Esther kam aus dem Bad, wickelte sich aus dem Handtuch und schlüpfte unter die Decke. Sie küsste Knut mit ihrem Zahnpastamund und zupfte an seinem T-Shirt.

»Willst du das nicht ausziehen?«

Esther schlief gerne nackt. Knut zog das Shirt aus. Sie legte sich auf ihn. Er spürte, wie sie ihre Hüfte gegen seine presste. Zögernd legte er seine Hände auf ihren Rücken, der ganz warm und weich war. Er spürte ihre Hand an seinen Boxershorts und hielt sie fest.

»Ich kann hier nicht«, flüsterte er. »Die Wände sind so dünn.«

Esther rollte sich von ihm und starrte an die Decke.

»Tut mir leid ...«, sagte Knut und streichelte über ihr Gesicht.

Esther drehte den Kopf zu ihm. »Willst du mich eigentlich noch? – Ich meine, so richtig?«

Knut richtete sich auf und sah sie an. »Natürlich.« Er bemühte sich so überzeugend wie nur möglich zu klingen.

»Ich frag mich, wie das werden soll, wenn ich in New York bin. Ein Jahr ist eine lange Zeit.«

Wieder das Thema. Knut hatte längst verstanden, dass Esther nach dem Abi keine Pause machen wollte. Sie hatte sich für einen Praktikumsplatz beworben bei den Vereinten Nationen in New York und es sah so aus, dass es klappte.

»Was willst du mir damit sagen?«, fragte Knut und spürte, wie ihm heiß wurde. »Dass du unsere Beziehung aussetzen willst?« Ihm kam wieder der Gedanke, dass Esther in New York vielleicht einfach frei sein wollte, für Neues.

Esther drehte sich seufzend von ihm weg. »Ich will das jetzt nicht wieder alles durchkauen ...«

»Ich auch nicht«, sagte Knut kalt. »Du hast deine Entscheidung ja auch längst getroffen.« Er tastete nach dem Schalter und knipste das Licht aus. Er lag mit offenen Augen da und starrte in die Dunkelheit.

Nach einer Weile drehte Esther sich wieder zu ihm und griff nach seiner Hand. »Ich wollte dich nicht verletzen.«

Knut hielt ihre Hand fest. »Schon gut.«

Esther schmiegte sich an ihn. »Kannst du jetzt schlafen?«

Knut atmete tief durch. »Bestimmt. – Du auch?«

Esther küsste ihn. »Ich muss immer noch an den Typen mit der Tasche denken ...«

»Denk lieber an was Schönes.«

Esther gähnte. »Ja ...« Sie griff nach ihren Ohrstöpseln.

Knut spürte, wie sie sich neben ihm entspannte. Ihre Atemzüge wurden länger. Anders als er konnte Esther immer ganz schnell einschlafen.

Knut zog vorsichtig seinen Arm unter ihrem Nacken hervor und drehte sich auf die Seite. Die Stelle an seinem Oberschenkel juckte wieder. Von irgendwo aus dem Haus meinte er ein Stöhnen zu hören. Es klang unheimlich. Mensch oder Tier?

Selin bewegte ihr Becken. Ihr Atem ging schnell. Sie mochte es, wenn sie Philipp dabei sehen konnte. Sein schweißglänzendes Gesicht und die Sehnen an seinem Hals. Ihre Fingerkuppen flatterten und sie warf den Kopf zurück. Wie Wellen rollte es durch ihren ganzen Körper. Philipp stöhnte und presste das Kissen in sein Gesicht. Selin ließ sich auf ihn sinken. Sie spürte, wie seine Brust unter ihr pumpte. Philipp streckte die Arme aus. Sie hob einen Zipfel des Kissens und lugte darunter.

»Bist du noch da?«, flüsterte sie und musste kichern.

Philipp schob das Kissen weg und grinste breit.

»Ja.« Er fuhr zärtlich mit den Fingern über ihren Hintern. »Du hast mich voll gefickt.«

»Na, hoffentlich.« Selin lief ein Schauer über den Rücken. Sie seufzte wohlig.

Philipps Mund lag dicht an ihrem Ohr. »Glaubst du, dass das Haltbarkeitsdatum bei uns auch schon am Ablaufen ist?«

»Wie kommst du darauf?« Selin richtete sich auf, um Philipps Gesicht sehen zu können. »Denkst du das?« Plötzlich fühlte sie sich unsicher.

Philipp schüttelte schnell den Kopf und zog sie wieder zu sich. »Ich mein nur ... weil du das vorhin im Bus zu Manu gesagt hast ...«

»Ja ...«, sagte Selin. »Bei ihm und Leo hatte ich öfter so ein Gefühl ... dass es einfach nicht passt.«

Sie dachte an Manuel, der jetzt alleine unten auf der Couch lag. »Meinst du, es ist sehr doof für Manu jetzt alleine da unten?«

Philipp zuckte seufzend mit den Achseln. »Er wird schon klarkommen.«

Es kam ihm so vor, dass die anderen ihn irgendwie vorsichtiger behandelten als sonst. Wie einen liebeskummerkranken Deppen, den man schonen musste. Ein bisschen stimmte es ja auch. Und es war tausendmal besser, hier auf der Couch zu liegen als alleine zu Hause in seinem Zimmer. Vorher beim Schwimmen im See war das schwarze Loch für einen Moment komplett weg gewesen. Vergiss Leonie. Irgendwann wird alles Geschichte sein. Neue Liebe, neues Glück. So ist das Leben: Manchmal ist man derjenige, der verlässt, manchmal wird man verlassen.

Wie der Typ, den sie an der Tanke stehen gelassen hatten. Irre komisch, wie der dem Bus hinterhergeglotzt hat. Die Karikatur aller Zurückgebliebenen. Und der Erinnerungsballast fliegt dann auch gleich aus dem Fenster.

Manuel nahm sein Handy, das er neben die Couch gelegt hatte. In der stillen Hoffnung, dass Leonie sich doch noch melden würde, um zu sagen, dass alles ein riesengroßer Fehler war. Es war kein Fehler. Das wusste Manuel jetzt.

Er öffnete die Apps und fing an zu löschen. Leonies E-Mails, Chats und Fotos. Weg damit. Ihre Art zu schreiben war eh immer viel zu trivial und phrasenhaft gewesen.

Als er fertig war, fühlte Manuel sich besser. Fast schon befreit. Er knipste das Licht aus, schloss die Augen und lauschte in die Nacht. Das Haus machte knackende Geräusche. Er döste weg … im Halbschlaf hörte er noch leise Schritte, dann das Rauschen der Toilettenspülung und das Klappen einer Tür.

ZWEI.

Esther schreckte hoch. Ein dumpfes Wummern hatte sie geweckt. Sie nahm die Ohrstöpsel heraus und schaute sich blinzelnd um. Zwischen den Vorhängen drückte die Morgensonne einen flachen Lichtkeil ins Zimmer. Knut lag schlafend neben ihr. Erneut hörte sie das Wummern. Es kam von unten. Jemand hämmerte mit Nachdruck gegen die Tür. Esther sprang aus dem Bett und sah auf ihr Handy: kurz vor sieben. Wer war das? Hanika, der sich wieder von irgendwas gestört fühlte? Esther streifte schnell ihr T-Shirt über. Jetzt wurde auch Knut wach und hob verschlafen den Kopf. »Wassnlos?«, nuschelte er.

Wieder wummerte es gegen die Tür. »Da ist jemand.«

Esther schlüpfte in ihre Jeans und lief die Treppe runter. Unten saß Manuel schon wach auf der Couch. »Weißt du, wer das ist?«

»Keine Ahnung.« Esther ging zur Tür und öffnete sie.

Überrascht blieb sie stehen.

Vor der Tür stand der Anhalter.

»Hallo.«

Die junge Boehme, das Miststück. Kaum war sie da, ging es schon wieder los. Günther Hanika trat hinter den Zaun und schaute grimmig zum Nachbarhaus rüber. In der Nacht hatte er wieder einen Migräne-Schub gehabt. Trotz Schmerzmittel hatte er wach gelegen und war erst am frühen Morgen eingeschlafen – bis der Lärm ihn weckte. Hanika hasste allen von Menschen gemachten Lärm. Um ihm zu entgehen, war er von der Stadt aufs Land gezogen. Und über mehrere Jahre war Rehberg eine Oase der Ruhe für ihn gewesen. Bis die Boehmes das Grundstück neben seinem gekauft hatten.

Am Anfang hatten sie furchtbar nett getan, ihm Kuchen gebracht und auf gute Nachbarschaft gemacht. Ein Orchestermusiker, wie schön! Oboe? Ein wundervolles Instrument! Und später waren sie dann voller Mitgefühl gewesen. Wie schlimm es für Hanika sein müsse, nicht mehr spielen zu können. Fokale Dystonie ... Migräne ... wie bedauerlich.

Aber schon bei der Renovierung ging es los. Die schwarzarbeitenden Handwerker, die die Boehmes engagiert hatten, scherten sich nicht um Ruhezeiten. Dann wollte Boehme die Birke in Hanikas Garten beschneiden, weil sie das Grundstück angeblich zu sehr verschatte. Und schließlich behauptete seine Frau, dass in Hanikas Garten Ambrosia wüchse, gegen das sie hochgradig allergisch sei, und hatte ihm das Umweltamt auf den Hals gehetzt. Dazu kam der permanente Lärm, den die Boehmes veranstalteten, sobald sie auf dem Grundstück waren.

Hanika sah, wie Esther drüben in der Tür mit jemandem sprach. Einem jungen Mann. Schon gestern Nachmittag hatte er beobachtet, wie sie mit ihrer Clique angefahren kam und sich eingerichtet hatte. Es sah nach einem längeren Aufenthalt aus und Hanika hatte sich auf das Schlimmste eingestellt. Aber dass der Lärm jetzt schon morgens in aller Herrgottsfrühe losging, war sogar für die junge Boehme ungewöhnlich.

Telemann kam schwanzwedelnd angelaufen. Auf Hanikas Handzeichen hin machte der Bracken-Mischling sofort Platz. Hanika warf ihm ein getrocknetes Hühnerherz zu, das Telemann aus der Luft schnappte. Früher hatte die junge Boehme immer mit Telemann spielen wollen. Hanika kannte sie ja von klein auf. Unfreiwillig war er über die Jahre Zeuge gewesen, wie die verwöhnte Blage herangewachsen war. Wie sie mit Horden von schreienden Gleichaltrigen Kindergeburtstage, Halloween und Übernachtungspartys gefeiert hatte. Behütet von Weißwein trinkenden Eltern, die sich einen Dreck darum scherten, wenn ihre Brut durch seine Beete trampelte und sein Haus mit matschigen Pflaumen bewarf. Später wurden aus den pausbäckigen Quälgeistern kreischende und grell geschminkte Teenager, die hier ihre Drogen- und Partyexzesse feierten, in seine Hecke kotzten und ihm mit ihrer abscheulichen Musik die Nachtruhe raubten.

Das alles hatte Hanika ertragen. Nur einmal hatte er die Polizei gerufen, die sich zwei Stunden Zeit gelassen hatte, bis sie kam und tatenlos wieder gefahren war, weil sich die Halbwüchsigen drüben zwischenzeitlich selbst ins Koma gekifft und gesoffen hatten.

Hanika kniff die Augen zusammen. Der Schmerz in seinem Kopf fing erneut an zu pochen. Irgendwas kam ihm seltsam vor. Der junge Mann stand immer noch vor dem Haus und redete. Es wirkte nicht so, als gehöre er zu der Boehme-Clique. Hanika reckte den Hals. Was er sah, versprach interessant zu werden.

Manuel war Esther zur Tür gefolgt und schaute verwundert auf den Anhalter. Er hatte immer noch exakt die gleichen Sachen an wie gestern und grinste schief.

»Erkennt ihr mich wieder?«

»Was ... was willst du hier?«, fragte Esther, halb verlegen, halb verärgert.

»Meine Tasche«, sagte der Anhalter und wiederholte dann noch mal, als hätte er sich unklar ausgedrückt: »Ich will meine Tasche.«

Esther warf einen schnellen Blick zu Manuel. »Die ... haben wir nicht ...«

»Aber sie war im Bus«, sagte der Anhalter.

Manuel fragte sich, woher der Anhalter ihre Adresse hatte. War er etwa die ganze Nacht gelaufen? Oder mit jemand anderem getrampt?

Esther wurde die Sache zunehmend peinlich.

»Ja«, sprang Manuel ihr bei, »aber da ist sie nicht mehr.«

»Wo ist sie dann?« Der Anhalter ließ nicht locker.

Hinter Esther und Manuel tauchte nun auch Knut auf.

»Ey«, sagte er, »du hast doch gehört, wir haben deine Tasche nicht ...«

»Aber ich brauche sie«, sagte der Anhalter. »Sie gehört mir.«

Knut trat neben Esther und ging selbst auf Angriff. »Weißt du eigentlich, wie viel Uhr es ist? Du kannst uns hier nicht einfach so überfallen!«

»Doch, das können wir.« Als hätten sie auf das Stichwort gewartet, traten wie aus dem Nichts zwei Männer von links und rechts neben den Anhalter. Sie mussten schon die ganze Zeit im Schatten der Hauswand neben der Tür gewartet haben.

»Wo ist die Tasche?«, sagte der eine und baute sich drohend vor Esther und Knut auf.

»Fehler, Fehler, Fehler«, rief Liam hinter ihm, wie jemand, der sich über eine gelungene Überraschung freut.

»Hey, was soll das?« Esthers Stimme klang schrill.

Manuel wusste nicht, was er tun oder sagen sollte.

Der Mann stand dicht vor ihnen. Er war Mitte zwanzig, höchstens. Hager. Sein Mund hatte etwas Spöttisches, die Augen waren wie Kieselsteine.

»Genug jetzt«, sagte er. »Mein Bruder will seine Tasche zurück. Also?«

Manuel versuchte zu beschwichtigen. »Ganz ruhig. Wir haben es doch schon gesagt, wir haben die Tasche nicht mehr.«

»Sie haben die Tasche nicht mehr«, echote der andere Mann. Er war groß und massig. Der Babyspeck in seinem Gesicht gab ihm etwas Rosiges. Er schaute zu dem Hageren und zog die Augenbrauen hoch. »Warum denn nicht?«

»Ja, genau. Warum nicht?« Der Bruder des Anhalters machte einen weiteren Schritt vor.

»Stopp!«, protestierte Knut. »Schön draußen bleiben!«

Er versuchte die Tür zuzudrücken, aber der Rosige hielt dagegen und stellte seinen Fuß dazwischen. Er trug Zehenschuhe und der Fuß sah aus wie der eines riesigen Frosches.

»Stopp!«, imitierte er Knut und drängte ihn weiter zurück.

»Das ist Hausfriedensbruch! Raus hier, oder ich rufe die Polizei!«

Manuel konnte jetzt die Panik in Esthers Stimme hören.

Der Hagere drehte sich zu dem Anhalter um, der die ganze Zeit vor der Tür stehen geblieben war. »Liam, hast du gehört? Die wollen die Polizei rufen.«

Der Anhalter nickte langsam. Er sah so aus, als würde die ganze Situation ihn überfordern. »Ich will aber meine Tasche.«

»Aber die geben sie uns nicht«, sagte der Hagere. »Was sollen wir machen?«

Inzwischen waren auch Selin und Philipp von dem Lärm geweckt worden und runtergekommen. Sie schauten irritiert auf die Männer im Flur. Manuel versuchte Boden gutzumachen und wandte sich erneut an den Hageren. »Wir haben die Tasche wirklich nicht. Aber wir können sie holen.«

Der Rosige schaute den Hageren an und lächelte zufrieden. »Na, bitte, Henk. Sie können die Tasche holen.«

Der, den sie Henk nannten, hatte Esther und Knut einfach beiseitegeschoben und war an ihnen vorbei ins Haus gegangen. Sein Kumpel mit dem Babyface und der Anhalter kamen hinterher. Philipp hatte überlegt, ob er sie daran hindern sollte. Schließlich war er mit den anderen in der Überzahl.

Und auch Esther protestierte: »Hey. Niemand hat gesagt, dass ihr reinkommen sollt.«

Aber es klang lahm.

Henk drängte sie ins Wohnzimmer. Sein Kumpel hatte einen langen Schraubenschlüssel aus seinem Hosenbund gezogen.

»Können wir jetzt vielleicht mal vernünftig miteinander reden«, hörte Philipp sich selbst sagen.

Manuel hielt das ebenfalls für das Beste. »Wir haben ja gesagt, wir holen die Tasche.«

»Dann lasst mal hören, wie und wo ihr das machen wollt«, sagte Henk. »Nett habt ihr es hier.« Er schaute sich im Wohnzimmer um.

Die Anwesenheit der drei im Haus fühlte sich wie eine Verletzung an. Der Anhalter glotzte Selin an, die nur das T-Shirt trug, in dem sie geschlafen hatte. Liam. Der Name passte irgendwie gar nicht richtig zu ihm. Babyface ließ sich auf die Couch fallen, auf der noch das Bettzeug von Manuel lag.

Knut räusperte sich. »Wir müssten mit dem Bus fahren. Die Tasche ... sie liegt an der Straße.«

»An der Straße ...« Henk ging weiter durch den Raum. Er betrachtete die Lehrbücher, die auf dem Tisch lagen, und blätterte in dem Collegeblock daneben. Er überflog ein paar Seiten, die Esther mit ihrer geschwungenen Handschrift gefüllt hatte, klappte den Block wieder zu und wandte sich um.

»Ihr habt die Tasche also einfach aus dem Auto geschmissen.«

Es war keine Frage, sondern eine Feststellung.

»Wir dachten, es ist nichts Wichtiges drin«, sagte Esther schnell. »Und wir wollten sie ja auch nicht einfach behalten.«

»Lernt man so was in Ethik?« Henk deutete auf den Collegeblock und schaute sie spöttisch an.

»Wir holen das Ding jetzt und fertig, okay?« Selins Stimme klang gereizt. Aber Philipp kannte sie gut genug, um die Angst hinter der Aggression zu hören. Je mehr Angst Selin hatte, umso härter trat sie auf. Das hatte er selbst oft genug erfahren.

»Ich will meine Tasche zurück.« Liam wiederholte den Satz, als sei er darauf hängen geblieben. »Sie gehört mir. Da waren meine Sachen drin.«

»Schon gut. Du kriegst sie ja wieder.« Henk schaute auffordernd in die Runde.

Knut hob die Hand. »Ich fahr und hol sie.«

Philipp nickte. »Ich komm mit.«

Henk lächelte zufrieden. »Sehr gut. Arne begleitet euch.«

»Jau.« Das Babyface sprang von der Couch hoch und klatschte den Schraubenschlüssel in seine flache Hand.

Liam trat neben seinen Bruder und flüsterte ihm etwas ins Ohr.

Der verzog das Gesicht. »Liam, du Schweinchen!« Henk schob Liam von sich weg. »Ähm, wo ist denn hier die Toilette? Mein Bruder muss mal.«

Alle schauten zu Esther. Sie deutete unwillig in die Richtung.

»Da hinten. Erste Tür links.«

»Und 'n Kaffee wär jetzt nicht verkehrt«, sagte Henk. »Schwarz mit Zucker.«

Esther war ihr Unwille anzusehen.

Aber Manuel sprang in die Bresche. »Okay«, sagte er, als sei nichts dabei. »Ich wollte eh gerade welchen machen.« Er verschwand in der Küche.

Arne folgte ihnen zum Bus. Den Schraubenschlüssel locker in der Hand wie einen Drumstick. Knut entsperrte die Zentralverriegelung und ging zum Tor, um es zu öffnen. Philipp wollte auf der Beifahrerseite einsteigen, aber Arne schüttelte den Kopf: »Blacky sitzt hinten.«

Philipp zog die Augenbrauen zusammen, aber Knut signalisierte ihm mit einem Blick ruhig zu bleiben. Er setzte sich hinters Steuer und wartete, bis Philipp hinten eingestiegen war und Arne sich auf dem Beifahrersitz angeschnallt hatte.

»Alles klar?«

»Auf gehts!« Arne schaltete das Radio ein und lehnte sich zurück.

Knut startete den Bus, setzte zurück und fuhr die Dorfstraße runter. Er überlegte, wie sie am besten vorgehen sollten. Die sicherste Variante war, bis zur Tankstelle zurückzufahren und dort zu wenden, um die Strecke dann auf der richtigen Seite abzufahren. Bis zur Tanke war es eine gute halbe Stunde. Von dem Moment, wo sie dort losgefahren waren, bis zu dem Moment, wo Manuel die Tasche aus dem

Fenster geworfen hatte, konnten es höchstens zehn Minuten gewesen sein. Also müssten sie die Tasche in spätestens vierzig Minuten haben. Wenn nicht jemand anders sie schon vor ihnen gefunden hatte.

Neben ihm drehte Arne das Radio lauter und legte die Füße aufs Armaturenbrett. Knut sah, wie sich die Zehen in den Gummiausstülpungen im Takt bewegten.

Er suchte Philipps Blick im Rückspiegel. Als ihre Augen sich trafen, hatten sie den gleichen Gedanken.

Was lief hier eigentlich gerade?! – Selin verstand nicht, warum sie sich das alles bieten ließen. Scheiß auf die Tasche! Die Typen drangen hier einfach ein. Das ging gar nicht! Sie wandte sich zur Treppe, aber Henk trat ihr schnell in den Weg. »Hey, wo willst du hin?«

»Dahin.« Selin drängte sich an ihm vorbei, wobei sie ihn leicht anrempelte. »Kannst du nicht aufpassen?«, zischte sie. Die Berührung fühlte sich unangenehm an.

Henk hob theatralisch die Hände. »Oh, Achtung, bissig.«

Selin zeigte ihm den Mittelfinger.

Sie spürte, wie sein Blick ihr folgte, bis sie oben war. Im Zimmer holte sie ihre Sachen, ging ins Bad und schloss die Tür hinter sich ab. Als sie ihr T-Shirt auszog, roch sie den scharfen Schweißgeruch unter ihren Achseln. Sie wusch sich, trug Deo auf und schlüpfte in Pulli und Jeans. Ihr Gesicht im Spiegel sah müde aus. Selin überlegte kurz, ob sie sich schminken sollte. Sie entschied sich dagegen und nahm stattdessen die Nagelfeile aus ihrem Kulturbeutel. Sie war aus Metall, spitz und ungefähr so lang wie eine Hand. Selin schob sie in ihre linke Socke.

Als sie wieder runterkam, trug Manuel gerade das Tablett mit Kaffee ins Wohnzimmer. Er verteilte die Tassen. Der Kaffee war heiß und bitter. Selin trank schnell und schenkte sich nach.

Henk wollte wissen, was sie hier eigentlich genau machten. Esther erklärte knapp, dass sie sich zusammen auf das Abi vorbereiteten. Prüfungsfach Ethik.

»Verstehe.« Henk deutete auf den Collegeblock und die Bücher. »Also ist das hier so 'ne Art Strebertreffen.«

Obwohl er den Kaffee bestellt hatte, rührte er seine Tasse nicht an. Genauso wenig wie Liam.

»Na ja, geht so ...« Manuel grinste schief.

Danach herrschte wieder angespanntes Schweigen. Henk stand einfach nur da. Liam bohrte selbstvergessen mit dem kleinen Finger im Ohr.

Selin sah auf die Uhr an der Wand. Ein geometrisches Designobjekt, wo sich statt Zeigern farbige Dreiecke unmerklich gegeneinander verschoben. Knut und Philipp waren schon eine gute halbe Stunde weg. Schwer zu schätzen, wie lange sie brauchen würden, um die Tasche zu finden. Hoffentlich fanden sie sie auch wirklich. Liam zog den Finger aus dem Ohr und betrachtete ihn. Selin spürte einen Würgereiz im Hals.

»Die Uhr tickt«, sagte Henk. Er stand vor der Uhr an der Wand und betrachtete sie. »Man hört es aber kaum.«

Erneutes Schweigen. Henk drehte sich um.

»Mein Bruder hatte vorhin die Idee, dass wir ein Spiel spielen könnten, um uns die Zeit zu vertreiben.«

»Ja!« Liam wischte seinen kleinen Finger am Sofa ab.

»Eine Runde Topfschlagen etwa?« Manuel versuchte es erneut auf die launige Art.

»Wahrheit oder Pflicht«, rief Liam und wiederholte es gleich noch mal. »Wahrheit oder Pflicht!«

»Vergiss es,« wehrte Selin ab. »Kein Bock auf eure Spielchen.«

»Ich finde ›Wahrheit oder Pflicht‹ gut.« Henk schaute in die Runde. »Und wenn, dann machen alle mit.« Es klang wie eine Drohung, auch wenn er dabei lächelte.

»Bitte, muss das jetzt sein?«, sagte Esther.

»Ich fang an«, sagte Henk, »und wähle Wahrheit.«

»Wahrheit, geil!« Liam lachte und bekam vor Aufregung rote Backen wie ein Kind. Er zeigte auf Selin. »Und sie muss fragen.«

Selin schüttelte den Kopf. »Hörst du schlecht?«, sagte sie und betonte jede Silbe. »Ich hab gesagt, ich will nicht.«

Sie will nicht«, sagte Liam und schaute fragend zu Henk.

Selin hatte eine klare Haltung. Und Esther bewunderte sie dafür, auch wenn sie daran zweifelte, ob es klug war, diesen Typen so zu begegnen.

Wieder war es Manuel, der einsprang. »Dann frag ich«, sagte er schnell und wandte sich Henk zu. »Also ... Was ist das Peinlichste, das dir je passiert ist?«

»Puh ...« Henk faltete die Hände vor den Lippen »Das Peinlichste, was mir je passiert ist ...« Er schaute nachdenklich hoch zur Decke. Es sah fast aus, als würde er beten. Dann sagte er mit ausdrucksloser Miene: »Dass ich Mitleid mit dem Alten hatte.«

»Ja.« Liams Mund verzog sich zu einem Strich. »Du hast ihn fast totgeprügelt.«

»Aber eben nur fast.« Henk lachte und wuschelte Liam durchs Haar.

War das jetzt ein Witz? Esther lächelte gezwungen und tauschte einen Blick mit Selin, die keine Regung zeigte. Manuel dagegen lachte übertrieben laut auf, als wolle er damit klarmachen, dass er verstanden habe: Krasser Humor!

Henk ließ die Arme baumeln, als würde er sich locker machen. »Okay, jetzt seid ihr dran, mit der Pflicht.« Er tänzelte kurz auf der Stelle. »Ich finde, ihr solltet was für meinen Bruder machen. Zur Ent-schädigung. Er darf sich was wünschen. Und ihr müsst es erfüllen. Was meinst du, Liam?«

»Ja, das ist gut!« Liam war schon eifrig am Überlegen. »Ich wünsch mir ...« Seine Finger zappelten durch die Luft. »... eine Massage! Von der da.«

Er zeigte auf Selin.

»Niemals«, sagte Selin.

»Hey.« Henk hob mahnend den Zeigefinger. »Pflicht ist Pflicht.«

Er wandte sich wieder an Liam. »Was für 'ne Massage solls denn sein? Nacken, Rücken, Schulter, Fuß ... – oder was anderes?«

Esther ging es nun auch zu weit.

»Das ist jetzt nicht mehr lustig.«

Selin schüttelte grimmig den Kopf. »Sucht euch jemand anderes für eure perversen Spielchen.«

Das Klatschen klang wie eine Explosion und der Schlag ließ Selin taumeln. Esther schaute entsetzt. Henk hatte Selin unvermittelt eine Ohrfeige verpasst. Selin, die sich gefangen hatte, stand einfach nur da. Wie in Trance berührte sie die Stelle, wo Henks Hand ihr Gesicht getroffen hatte.

»Hast du sie noch alle?!«, schrie Esther und fürchtete im gleichen Moment, dass Henk sie als Nächstes schlagen würde.

Aber Henk blieb ruhig.

»Sie hat meinen Bruder beleidigt«, sagte er und sah gleichmütig auf seine Hand. »Pervers ist ein schlimmes Wort.«

Selins Reaktion platzte zeitverzögert aus ihr heraus. »Du krankes Arschloch!«, schrie sie, stürzte sich auf Henk und traf ihn mit der Faust an der Brust. Doch die Attacke schien Henk nicht im Geringsten zu erschüttern. Er stieß Selin einfach weg wie ein lästiges Hindernis, sodass sie rückwärtstaumelte.

»Beruhig dich«, wies er sie scharf zurecht. »Und gib meinem Bruder endlich die verdammte Massage.«

»Hey, Leute! Keine Gewalt.« Manuel versuchte wieder zu deeskalieren.

Aber Selin, die außer sich war, wollte nicht klein beigeben. Sie bückte sich und nestelte an ihrer Socke. Esther hörte, wie sie »Ich bring dich um« zischte, und fasste sie am Arm, um sie zu beruhigen. Schwer atmend richtete sich Selin auf.

Manuel stellte sich schnell zwischen sie und Henk.

»Pflicht ist Pflicht. Ich kann das ja machen. Is ja nix dabei ...« Er drehte sich zu Liam. »Also, was für eine Massage willst du?«

Liam schaute unschlüssig zwischen seinem Bruder und Manuel hin und her.

Manuel kannte diese Art von Typen. Im Gegensatz zu den anderen war er nicht bei den Besserverdienenden aufgewachsen, sondern in einem sogenannten Problemviertel. Eine Batterie Sozialbauten mit farblich aufgehübschten Fassaden, wo die Aufzüge meist kaputt waren und die Leute den Müll aus den Fenstern warfen. Etwas Besseres konnte seine Mutter sich nicht leisten – alleinerziehend mit drei Kindern. Geld war immer ein Thema gewesen. Wer was hatte und wer nicht. Auch unter den Kids. Auf der Grundschule gab es eine Gruppe von älteren Jungs, die die Kleineren regelmäßig schikanierten und abzogen. Manuel hatte immer panische Angst vor ihnen gehabt. Um ins Schussfeld zu geraten, reichte es irgendwie »schwul« auszusehen oder einfach nur falsch zu gucken. Und wenn sie einen auf dem Kieker hatten, durfte man sie auf keinen Fall noch zusätzlich provozieren, sonst hatte man endgültig verloren und war das bevorzugte Opfer.

Aber genau das hatte Selin gerade getan. Logisch, dass der Typ ihr eine geballert hatte. Jetzt galt es zu verhindern, dass das Ganze völlig aus dem Ruder lief. Und, ja, dafür war Manuel bereit, dem kleinen Arschloch weiß Gott was zu massieren.

»Rücken«, sagte Liam nach einem Moment des Zögerns und von Henk kam kein Widerspruch. Umständlich zog Liam sein T-Shirt über den Kopf. Vorsichtig legte Manuel seine Hände auf Liams Schultern und fing an sie zu kneten.

Esther, Selin und Henk sahen schweigend zu. Manuel hätte erwartet, dass er den fremden Körper abstoßend fand, aber Liams Haut war erstaunlich weich und glatt, fast makellos. Nur vorne auf der Brust hatte er eine kleine vorstehende Narbe, knapp unter dem Schlüsselbein.

Je länger Manuel an Liam herumdrückte, umso mehr schien der es zu genießen. Er lächelte versonnen und seufzte immer wieder wohlig.

Manuel hoffte, dass Knut und Phil die verfickte Tasche schnell finden würden, damit der ganze Spuk dann hoffentlich ein Ende hätte.

Als Esther von draußen das Motorgeräusch hörte, schaute sie erleichtert auf. Endlich! Durchs Fenster sah sie, wie der Bus durch das Tor auf das Gelände rollte. Liam zog sein T-Shirt wieder an. Esther folgte Henk zur Tür.

Philipp saß hinter dem Steuer. Er und Arne stiegen aus. An Philipps Gesicht sah Esther sofort, dass etwas passiert war. Arne öffnete die Schiebetür und Knut kletterte umständlich aus dem Bus. Er musste sich auf Philipp stützen und zog sein linkes Bein nach. Nun bemerkte Esther auch, dass der linke Scheinwerfer des Busses zersplittert war.

»Habt ihr meine Tasche?«, rief Liam, der jetzt auch in der Tür stand.

Arne schüttelte den Kopf. »Nee, nicht gefunden.«

»Was ist denn passiert?«, fragte Esther und schaute besorgt auf Knuts Bein.

Aber Knut schüttelte nur den Kopf und humpelte mit schmerzverzerrtem Gesicht an ihr vorbei ins Haus.

»Frag jetzt besser nicht«, zischte Philipp ihr zu.

»Und meine Sachen ...?« Liam stand mit hängenden Schultern da.

Arne zuckte mit den Achseln. »Nix zu machen.«

»Nicht gut.« Henk runzelte die Stirn. »Deine Tabletten.«

»Und Papas Würfel«, klagte Liam. »Der ist jetzt auch weg.«

Zurück im Haus ging Arne in die Küche und bediente sich an den Vorräten. Während Liam verloren im Raum stand, postierte Henk sich in der Tür und behielt alles im Auge. Knut hatte sich auf die Couch gelegt. Um ihn herum standen Philipp, Selin und Manuel. Esther kam mit den Kühlpäckchen, die sie aus dem Eisfach geholt hatte. Knut hatte die Hose ausgezogen und das Bein hochgelegt. Das Knie war blutig und geschwollen. Aus den wenigen bruchstückhaften Sätzen, die er und Philipp von sich gaben, konnten Esther und die anderen sich zusammenreimen, was passiert war. Nachdem sie an der Tankstelle gewendet hatten, war Knut die Strecke mit Arne auf dem Beifahrersitz abgefahren, während Philipp draußen am Straßenrand entlanglief und alles absuchte. An der Abzweigung nach Rehberg wollte Knut abbrechen. Aber Arne beharrte darauf, dass sie weitersuchten. Sein erster Schlag mit dem Schraubenschlüssel traf den Scheinwerfer, der zweite Knuts Knie.

»Er hat behauptet, es sei ein Versehen gewesen«, sagte Philipp.

»Aber es sah nicht so aus«, sagte Knut gepresst. »Und fühlte sich auch nicht so an.«

»Das ist ganz klar Terror, was die hier machen!« Selin sah zu Henk, der sich in der Küche zu schaffen machte.

Esther nickte. »Körperverletzung, Sachbeschädigung, Hausfriedensbruch – ich ruf jetzt die Polizei!«

»Nach der Aktion mit der Tasche stehen wir selbst auch nicht so gut da«, sagte Manuel zögernd.

»'ne Tasche voll Müll – deswegen willst du denen jetzt komplett in den Arsch kriechen?« Selin verzog verächtlich das Gesicht.

»Leute …«, sagte Knut mahnend.

Henk kam zu ihnen. Er hatte sich ein Glas mit Essiggurken aus dem Kühlschrank geholt.

»Wir haben jetzt ein Problem«, sagte er. »Ein ethisches. Aber das ist ja genau euer Ding.« Er fischte eine Gurke aus dem Glas und biss hinein. »Mit der Rückgabe des Diebesgutes wäre der Fall erledigt gewesen. Aber jetzt ist wieder alles offen.« Die Gurke machte ein lautes Geräusch, als Henk sie zerkaute.

Knut stützte sich auf und sah Henk wütend an. »Was genau wollt ihr eigentlich von uns?«

»Lemmis Sachen, was sonst«, sagte Henk und fingerte die nächste Gurke aus dem Glas. »Aber da die ja nicht mehr aufzufinden sind, solltet ihr vielleicht über eine andere Lösung nachdenken. Ihr habt fünfzehn Minuten.« Er deutete mit dem Gurkenstummel auf die Uhr an der Wand. Auf dem Weg zur Küche blieb er noch mal stehen. »Habt ihr eigentlich auch irgendwo Mayo – oder ist hier alles vegan?«

»Nee, Mayonnaise ist keine da.« Esther empfand fast so etwas wie Genugtuung darüber. Irgendwie kam ihr das alles immer noch völlig unwirklich vor. Der Typ war einfach so in ihr Haus eingedrungen und fragte nach Mayonnaise, als sei er hier zum Brunchen eingeladen. Komplett irre. Ein Albtraum, aus dem man jeden Moment aufzuwachen hofft – aber es passiert einfach nicht.

»Ich denke, die wollen Kohle«, sagte Manuel leise.

Ja, dachte Esther, am leichtesten und schnellsten ließ sich das Problem wohl mit Geld aus der Welt schaffen. Auch wenn es richtiger wäre, die Polizei zu rufen. Aber bis die kam, konnte noch viel passieren.

Esther zog ihr Portemonnaie aus der Tasche. »Dann geben wir ihnen eben was. So viel kann das Zeug ja nicht wert gewesen sein.« Sie nahm zwanzig Euro aus dem Portemonnaie. »Was habt ihr noch?«

»Wollt ihr die Arschlöcher jetzt auch noch belohnen!?« Selin stellte sich quer. »Keinen Cent geb ich denen!«

»Wenn sie danach endlich abhauen«, seufzte Philipp und legte einen Zwanziger dazu.

Knut legte noch mal zwanzig drauf. »Auch wenns wehtut: Ich hab keinen Bock, noch einen in die Fresse zu kriegen.«

Manuel steuerte weitere zwanzig Euro bei. »Damit sind die echt gut bedient.«

»Das ist, als würden wir einen Vergewaltiger dafür bezahlen, dass er uns in Ruhe lässt«, empörte sich Selin weiter.

»Ja, genau«, sagte Manuel genervt.

»Der Vergleich hinkt außerdem«, bemerkte Philipp. »Wir haben die ja gewissermaßen als Erstes geschädigt.«

»Du meinst wegen der Tasche?!« Selin sah Philipp an. »Und die ganzen Scheißsprüche von dem?!«

Esther nahm das Geld und stand auf. »Wir wollen doch einfach nur, dass jetzt Schluss ist. Damit wir endlich anfangen können zu lernen.« Sie blickte auffordernd in die Runde. Sie wollte nicht alleine gehen. Philipp stand ebenfalls auf.

Henk lehnte in der Küchentür und kaute ein dick mit Butter bestrichenes Brot. Auf dem Tresen standen überall geöffneten Dosen und Gläser. Liam und Arne hatten die Vorräte weiter geplündert.

Esther hielt Henk die Scheine hin. »Achtzig Euro. Das müsste ja wohl reichen.«

Henk sah auf das Geld und zog die Augenbrauen hoch, als hätte er nicht mit so viel gerechnet. »Ooookay.« Er nahm die Scheine. »Das ist auf jeden Fall eine gewisse Entschädigung für den Verlust.«

Esther spürte, dass ihre Hände feucht waren. »Das heißt, wir sind quitt?«

Henk wedelte mit den Scheinen in Liams Richtung. »80 Euro. Was denkst du, Lemmi? Sind wir quitt?«

Liam ließ das Brot sinken, das er sich gemacht hatte. Sein Mund war mit Schokocreme verschmiert: »Eigentlich müssten wir noch Papa fragen ...«

»Vergiss Papa«, sagte Henk abschätzig und steckte die Scheine ein.

Esther atmete auf. Er nahm das Angebot also an. Sie gab sich Mühe, ihre Stimme möglichst fest klingen zu lassen: »Dann würde ich euch jetzt bitten zu gehen.«

»Klar«, sagte Henk. »Wir essen nur noch schnell fertig.«

Sie gingen wirklich. Knut hatte es bis zum Schluss nicht für möglich gehalten. Aber als sie das Haus verließen und durch das Tor an der Einfahrt verschwanden, spürte er eine unbändige Erleichterung.

Sie alle warteten noch ein paar Minuten, um sicherzugehen, dass die drei auch wirklich nicht wiederkamen. Dann entlud sich die Anspannung.

»Was für eine krass kranke Psychoscheiße war das denn?!«, platzte es aus Manuel heraus.

»Oh, Mann, ich dachte wirklich, die bringen uns um«, sagte Esther, die immer noch ganz blass war.

»Nicht nur du.« Philipp schaute zu Knut. »Wir müssen die auf jeden Fall anzeigen. Das war kein Versehen. Der hat absichtlich zugeschlagen.«

»Ich glaub, es ist zum Glück nur eine Prellung.« Knut humpelte vorsichtig ein paar Schritte hin und her. »Was für Arschlöcher ...«

»Irgendwann fliegt ihnen der Karma-Bumerang voll in die Fresse«, sagte Manuel. »Darauf können wir wetten. Oder wir sorgen selbst dafür.«

»Kommt jetzt bisschen spät, der Kampfgeist«, sagte Selin, die sich bis dahin zurückgehalten hatte.

»Manchmal ist es klüger, den Feind zu umarmen, statt stur Kontra zu geben«, gab Manuel zurück.

»Wir waren in der Überzahl.«

»Schon«, sagte Esther schnell. »Aber du hast es ja gesehen: Die waren absolut unberechenbar. Ich wollte auf keinen Fall riskieren, dass die noch weiter gewalttätig werden.« Ihre Lippen bildeten eine dünne Linie. Knut kannte den Ausdruck auf ihrem Gesicht. Jetzt, wo der äußere Konflikt vorbei war, stresste sie der innere Konflikt in der Gruppe umso mehr und sie wollte ihn beenden.

»So unberechenbar waren die nun auch wieder nicht.« Selin konnte es nicht lassen. »Die Kohle haben sie schließlich genommen.«

»Zum Glück war von dir ja nix dabei«, sagte Manuel spitz.

»Können wir jetzt erst mal was essen?«, unterbrach Philipp beschwichtigend. »Und dann besprechen wir in Ruhe, wie es weitergeht ...«

Schlagartig merkte Knut jetzt auch, wie hungrig er war. Es war weit nach Mittag und sie hatten seit gestern Abend nichts Richtiges mehr zu sich genommen.

Die Aussicht auf Essen verband alle und ließ sie den Streit vergessen. Sie räumten auf und beseitigten die Spuren. Sie packten die Vorräte wieder in die Schränke. Knut hatte seine Hose wieder angezogen. Er humpelte zwischen den anderen hin und her und half, so gut er konnte. Die angebrochenen Packungen und das geöffnete Glas mit den Essiggurken flogen in einen großen Müllsack, den Selin gleich in die Mülltonne draußen stopfte.

Manuel und Philipp trugen den großen Gartentisch vor das Haus in die Sonne und deckten ihn. Kaffee, Tee, Brot, Hummus, gegrilltes Gemüse, Obst ... Esther hatte Blumen aus dem Garten geholt.

Knut sah auf den festlich gedeckten Tisch. Die Zweige des Apfelbaums warfen flirrende Schatten. Ein perfektes Sommerbild – nichts daran erinnerte an das, was geschehen war. Und für einen Moment hoffte Knut, dass sie wieder ganz unbeschwert wären und einfach noch mal von vorne anfangen könnten.

Wie können Menschen nur so krank drauf sein«, sagte Manuel zum wiederholten Mal. »Gruselig.« Er zündete den Joint an, den er gebaut hatte, und inhalierte.

Esther kratzte mit einem Löffel den Schaum aus ihrer Kaffeetasse. »Am schlimmsten war das Gefühl, so machtlos zu sein.«

»Ich dachte immer, ich bin Pazifist«, sagte Knut. »Aber eben hätt ich mir 'ne Knarre gewünscht.«

Manuel kontrollierte die Glut. »Ich seh's richtig vor mir, wie du damit in Aktion getreten wärst ...« Er machte mit der Hand eine Pistolen-Geste.

Esther kicherte albern. Manuel reichte den Joint weiter. Selin nahm ihn und füllte ihre Lungen mit Rauch. Jetzt, nachdem sie sich satt gegessen hatten, war die Stimmung gelöst und fast schon übertrieben heiter. Wie nach einer fiebrigen Krankheit. Als wollten sie sich gegenseitig darin bestärken, dass sie alles unbeschadet überstanden hatten.

Unwillkürlich fasste Selin sich wieder an die Wange. Sie meinte immer noch den scharfen Schmerz zu spüren. Als hätte Henks Hand sich auf ihrer Haut eingebrannt.

Knut, der sonst nie kiffte, nahm den Joint. Er hatte das Bein mit dem geschwollenen Knie hochgelegt und saß zurückgelehnt in seinem Stuhl.

»Es gibt da doch diese Geschichte von Brecht«, sagte er. »Wo Herr Keuner sich öffentlich gegen die Gewalt ausspricht, bis sie plötzlich höchstpersönlich hinter ihm auftaucht ... die Gewalt ...«

»Und dann knickt er ein und spricht sich für sie aus.« Esther kannte den Text. »Hatten wir in Deutsch. Neunte Klasse.«

»Ja.« Knut reichte den Joint an Esther weiter. »Die Frage ist eben, wie kann man Widerstand leisten, ohne dabei selbst draufzugehen?«

Philipp pickte mit dem Finger einen Brotkrümel vom Tisch. »Erst mal muss man überleben, um überhaupt weiter Widerstand leisten zu können.«

»Genau«, sagte Knut. »Weil das eigene Rückgrat eben nicht stark genug ist, um der Gewalt standhalten zu können.«

»Heldentod war schon immer ein bescheuertes Konzept«, sagte Manuel.

Selin fand das zu einfach und Manuels lässiger Tonfall ärgerte sie. »Wenn wir denen von Anfang an geschlossen entgegengetreten wären, wäre das Ganze sicher anders gelaufen.«

»Sie haben uns über die Tasche gekriegt.« Esther machte runde Lippen und blies einen perfekten Rauchkringel in die Luft. »Das war unser Schwachpunkt.«

Philipp wischte die restlichen Brotkrümel vom Tisch. »Wir waren moralisch in der Defensive ...«

»Und was lernen wir daraus?«, trumpfte Manuel auf. »Scheiß auf die Moral.«

»Nee«, sagte Selin. »Die Lehre ist, dass du für deine eigene Moral auch kämpfen musst. Und zwar von Anfang an.«

»Im Nachhinein sagt sich das immer leicht«, entgegnete Manuel.

Selin sah ihn herausfordernd an. »Im Nachhinein waren ja auch alle immer gegen Hitler ...«

»Oho. Da machst du jetzt aber ein großes Fass auf«, sagte Knut.

»Ein ganz, ganz großes«, echote Manuel und streckte fordernd die Hand nach dem Joint aus. »Also wenn Henk jetzt Hitler war, wer waren dann wir?«

Wer waren dann wir?« – Philipp sah nachdenklich in die Runde. Natürlich würde keiner von ihnen sich freiwillig als Mitläufer bezeichnen. Aber wenn es hart auf hart kam, waren die meisten wahrscheinlich genau das. Bis auf Selin vielleicht.

Ehrlicherweise musste man sagen, dass sie bisher einfach Glück gehabt hatten. Glück, in einem Land und einer Gesellschaft zu leben, wo die Probe aufs Exempel einem normalerweise erspart blieb. Philipp hatte sich oft gefragt, wie es wohl wäre, wenn er nicht in Deutschland geboren und aufgewachsen wäre, sondern in Nigeria bei der Familie seines Vaters. Vielleicht wäre es da auf andere Art auch besser gewesen. Keine weiße Mehrheitsgesellschaft, Schwarz zu sein war einfach normal und wenn ihm dort einer kein Abi zugetraut hätte, wäre es einfach nur eine blöde Bemerkung gewesen und nicht noch eine rassistische Erfahrung mehr in einer lebenslangen Kette der Diskriminierungen.

»Vielleicht hat Kreilich das Ganze ja heimlich inszeniert, um uns zu testen«, scherzte Esther und legte ihre Hand auf Knuts Bein.

»Ja, wie in diesem alten Film ...« Knut sah fragend zu Philipp.

»Du meinst *The Game* mit Michael Douglas.« Philipp kannte den Film und hatte ihn Knut empfohlen.

»Genau.« Knut nahm Esthers Hand von seinem Knie. »Der erlebt da auch die krassesten Sachen und am Ende war alles gefakt.«

Philipp nickte. »Kreilich würde bestimmt sagen, dass es auf jeden Fall eine interessante Grenzerfahrung war.«

Manuel imitierte Kreilichs vernuschelte Sprechweise. »Grenzen zu transzendieren ist die vornehmste Aufgabe der Philosophie.«

Alle mussten lachen, auch Selin. Es hallte zwischen den Hauswänden. Philipp sah, wie Esthers Blick zum Nachbargrundstück rüberging. Er schaute auf die mannshohe Hecke. Dahinter war alles ruhig. Dieser Hanika hatte sich die ganze Zeit noch nicht blicken lassen.

»Also, was jetzt?«, wollte Selin wissen. »Machen wir nun endlich eine Anzeige oder nicht?«

»Gibts hier überhaupt irgendwo eine Polizeiwache?«, fragte Manuel.

»Man kann das online machen«, sagte Esther und stand auf, um ihr Notebook zu holen.

Telemann schaute zu ihm hoch und spitzte erwartungsvoll die Ohren. Günther Hanika stand hinter der Hecke und lauschte. Die drei jungen Männer waren wieder gegangen. Aber ruhiger war es dadurch nicht geworden. Im Gegenteil. Die junge Boehme hatte sich mit ihrer Clique jetzt vor dem Haus breitgemacht. Als müsse sie alle Welt teilhaben lassen an ihrem Leben. Die Stimmen und das Lachen klangen schrill in seinen Ohren. Man schien sich über irgendwas aufzuregen. Hanika verstand nur einzelne Worte. Es hatte wohl mit dem Besuch zu tun.

Hanika hatte sich selbst auch gefragt, wer diese drei jungen Männer waren und was sie mit den anderen zu tun hatten. Von der äußeren Erscheinung und ihrem Auftreten hatten sie nicht so richtig dazu gepasst. Nicht in diese bildungsbürgerliche Wohlstandsblase. Aus ihnen sprach etwas Direktes, eine andere Energie und Aggressivität. Hanika erinnerte sich an eine Studie, die er gelesen hatte.

Die gefährlichste Bevölkerungsgruppe waren Männer im Alter zwischen 15 und 25. Sowohl was die Fremd- als auch die Eigengefährdung anging.

Telemann trabte weiter. Hanika folgte ihm ums Haus herum in den hinteren Teil des Gartens. Die Stimmen waren hier nur noch gedämpft zu hören. Die Blätter der Birke leuchteten im Sonnenlicht. Der Baum spendete angenehm Schatten. Telemann lief am südlichen Zaun hin und her und schlug an. Er schien etwas zu wittern.

»Aus, Telemann.«

Hanika schaute auf das Feld und den Wald, die gleich hinter der Grundstücksgrenze begannen. Ihm war, als bewegte sich etwas durch die hoch stehende Gerste.

Oft kam Rotwild bis dicht an den Zaun heran.

Die Anzeige war kein großes Ding. Esther hatte auf ihrem Notebook die Internetseite der Polizei geöffnet. Manuel verfolgte, wie sie sich durch die Eingabemasken klickte: Datum, Uhrzeit, Anschrift.

»Angaben zum Sachverhalt ...«, las sie vor.

»Also: Was genau die Tat ist?«, fragte Philipp.

»Landfriedensbruch, Hausfriedensbruch, Körperverletzung«, zählte Knut auf.

»Und Nötigung«, fügte Selin hinzu.

»Ja, aber ich muss hier auch den Tathergang genau beschreiben«, sagte Esther.

Knut überlegte kurz. »Schreib einfach: Die drei Täter verschafften sich gewaltsam Zugang ins Haus. Sie bedrohten und misshandelten die Anwesenden ...«

Esthers Fingernägel klackerten über die Tastatur. »Und das mit der Tasche?«

»Lass erst mal weg«, riet Manuel.

Esther zögerte. »Sicher?«

Manuel nickte. Wieso sollten sie sich selbst belasten? »Das können wir dann immer noch erzählen, wenn die nachfragen.«

»Falls überhaupt irgendwas passiert«, bemerkte Philipp skeptisch. »Für die Bullen ist das wahrscheinlich eh nur Kleinkram.«

»Würde mich jetzt auch wundern, wenn die was machen«, sagte Selin. »Das geht denen am Arsch vorbei.«

»Unterschätzt das mal nicht«, sagte Knut. »Die müssen jede Anzeige bearbeiten. Und Körperverletzung ist ein ernstes Delikt.«

Esther klickte weiter. Bei den Angaben zu den Tätern konnten sie nur die Vornamen und äußeren Beschreibungen von Henk, Liam und Arne eingeben.

»Und was soll ich bei ›Anzeigender‹ und ›Geschädigter‹ schreiben?«

»Steht da wirklich ›Geschädigter‹?« Selin verzog das Gesicht. »Von Gendern haben die wohl noch nie was gehört.«

»Darum gehts doch jetzt nicht.« Selin und ihre permanente Empörung gingen Manuel zunehmend auf den Wecker.

»Doch genau darum gehts. Um Gewalt und Unterdrückung, die Männer ausüben, egal ob sprachlich oder physisch.«

Ja, klar. Die Männer waren schuld und die Aggressoren und Unterdrücker. Manuel konnte es nicht mehr hören. Als ob Frauen nicht auch scheiße sein konnten. Besonders auf diese betont unaggressive Art, die in Wahrheit voll aggro war. So wie Leonie ihn abserviert hatte ... einfach so ... weil sie frei sein wollte ... »Du, ich weiß, dass dich das jetzt verletzen wird, aber wir können so nicht weitermachen« ... wahrscheinlich hatte sie einfach einen anderen ... Einen Moment spürte Manuel, wie die ohnmächtige Wut auf Leonie sich mit dem Ärger über Selin mischte und alles andere in den Hintergrund drängte.

Manuel hörte, wie Knut sagte: »Schreib am besten alle unsere Namen.«

»Find ich auch am besten«, stimmte Philipp zu.

Esther tippte die Namen ein und hielt dann den Zeigefinger über die Eingabetaste.

»Ich drücke jetzt auf ›Absenden‹, okay?« Sie sah fragend in die Runde.

»Ja, mach.« Knut stand auf. »Hau es raus.«

Esther drückte die Taste.

Manuel hatte sich innerlich wieder beruhigt. Er schaute auf den sich füllenden Ladebalken auf dem Bildschirm. Ein Fenster poppte auf.

Esther las murmelnd. »Vorgangsnummer ... Angaben zum Opferschutz ...« Der Rechner pingte. Esther wechselte das Fenster.

»Bestätigungsmail ist auch schon da.«

Sie klappte das Notebook zu und atmete erleichtert auf. »Also, das hätten wir.«

Knut, der hinter sie getreten war, massierte ihr die Schultern. »Danke. Und damit wir jetzt nicht völlig schräg draufkommen, sollten wir jetzt erst mal alle in den See springen.«

»Guter Plan! Und danach fangen wir dann an zu lernen.« Philipp stand ebenfalls auf und schaute Manuel und Selin auffordernd an. »Was ist mit euch?«

»Klaro.« Manuel erhob sich und lächelte. »Dafür sind wir schließlich hier.«

Das kalte Wasser war wie ein reinigendes Bad. Knut stand hüfttief im See und kühlte sein Bein. Philipp und Manuel kraulten weit raus. Obwohl Selin Philipp schon hundertmal gebeten hatte, das nicht zu tun. Sie selbst schwamm immer nur am Ufer entlang. Sie bekam schon Panik, wenn sie den Grund nicht mehr unter ihren Füßen spüren konnte. Sie wusste, dass auch gute Schwimmer in offenen Gewässern ertrinken konnten. Aber als Philipp zurückkam, lachte er nur, schüttelte die nassen Haare und gab ihr einen Kuss. »Glaub mir, das ist nicht halb so gefährlich, wie einen Anhalter mitzunehmen.«

Danach lagen sie auf der kleinen Wiese am Ufer. Esther hatte ihren Kopf auf Knuts Bauch. »Geht das so mit deinem Bein?« Knut brummte bejahend. Seine Finger spielten mit den Bändchen ihres Bikini-Oberteils. Die Sonne stach. Selin spürte, wie ihr der Schweiß unter den Achseln lief. Manuel baute noch einen Joint und alle rauchten. Selin hielt den Rauch so lange sie konnte in den Lungen und hoffte, dass das Gras sie entspannte.

Sie wusste auch nicht, was an Manuel genau sie eigentlich immer so auf die Palme brachte. Sie empfand ihn als egoistischen Blender und es wunderte sie überhaupt nicht, dass Leonie ihn verlassen hatte. Vielleicht wäre die Situation anders, wenn sie auch mit dabei gewesen wäre. Selin fand, dass Philipp, Knut und Manuel zusammen oft so ein Jungs-Ding am Laufen hatten. Sie kannten sich alle schon seit der Grundschule. Esther und Selin wiederum waren seit der siebten Klasse beste Freundinnen. Irgendwann hatte das dann mit Esther und Knut angefangen und darüber hatte Selin schließlich Philipp kennengelernt, Knuts besten Freund.

Selin dachte wieder an den Nazi-Vergleich. Natürlich mussten sie alle sich fragen, wie sie sich damals verhalten hätten. Und allein das, was sie gerade erlebt hatten, reichte, um das Beste und Schlechteste in den Menschen sichtbar zu machen.

Philipp richtete sich auf. »Mir ist schon wieder voll heiß. Wie wärs mit einer Runde Wasserrodeo?«

Manuel sprang begeistert auf und machte eine Faust: »Schnick, schnack, schnuck! – Wer gewinnt, darf aussuchen, mit wem!«

An normalen Tagen wäre Selin die Erste, die dabei gewesen wäre. Sie liebte Wettkampfspiele und Wasserrodeo ganz besonders. Aber jetzt war ihr nicht danach. Knut schied mit seinem Bein sowieso aus. Und auch Esther schüttelte den Kopf. »Nee, Leute. Ich würd jetzt wirklich lieber anfangen zu lernen.«

Auf dem Weg zurück zum Haus merkte Esther erleichtert, wie sie langsam wieder normal denken konnte. Knuts Vorschlag war gut gewesen. Der See hatte ihren Kopf geklärt. Esther hatte ihre Sandalen in den Händen und fühlte die warme Erde des Feldwegs unter ihren nackten Füßen. Sie drehte sich um und lief rückwärts vor der Gruppe her.

»Mir fällt gerade ein: Wir haben auch noch Eis im Gefrierfach! Zum Glück haben die das nicht entdeckt. Mango und Himbeere.«

»Oh, ja«, Knut lächelte. »Jetzt 'ne Kugel Mango. Und danach dann Platons Politeia.«

Sie hatten das Grundstück erreicht. Philipp schwang sich lässig über den Zaun neben dem Tor. Selin, Knut, Philipp und Manuel hängten ihre nassen Sachen zum Trocknen in den Apfelbaum.

Esther ging ins Haus. Durch den Luftzug blähte sich der Vorhang vor der Terrassentür im Wohnzimmer. Bevor sie losgegangen waren, hatte Esther alle Fenster gekippt. Nicht die geringste Geruchsspur von den Eindringlingen sollte hier drinbleiben. Esther schaute in den rückseitigen Garten. Über den Stauden schwirrten Bienen und Hummeln. Im Licht der hochstehenden Sonne wirkte das Grün fast übernatürlich grell. Auf Hanikas Grundstück war alles ruhig.

Esther ging ins Bad und holte ihre Bürste. Sie zog sie durch ihre nassen Haare und wandte sich Richtung Küche, um das Eis zu holen. Als sie den Raum betrat, blieb sie überrascht stehen.

Auf der Anrichte gleich neben der Tür stand ein großes Glas Mayonnaise.

»Wir waren einkaufen.«

Esther kannte die Stimme.

In der Ecke saß Henk mit Liam und Arne am Küchentisch und lächelte.

Seine Hände lagen auf einem Gewehr.

DREI.

Dieser ungläubige, entsetzte Ausdruck. Henk weidete sich an Esthers Blick. Allein der war es wert, dass sie zurückgekommen waren.

Denn eigentlich war es jetzt eh egal. Oder eben gar nicht egal. Die Tasche war nicht egal. Sie stand für etwas Größeres. Es ging ums Prinzip. Weil es eben schon immer so war, dass die einen machen konnten, was sie wollten. Und die anderen es schluckten. Die Frage war nur, auf welcher Seite du selbst stehen willst: auf der von denen, die machen, oder auf der von denen, die schlucken.

Die meisten Menschen wollten einfach nur ihre Ruhe. Fressen, Feiern, Ficken ... Und das Gerede von Werten und Moral war nur der Zuckerguss. Ethik war was für Wohlstandskinder. Nett und zivilisiert sein ist einfach, solange alle satt und zufrieden sind. Sobald es nicht mehr genug für alle gibt, geht der Verteilungskampf los. Und dann teilt niemand mehr. Weder sein Fressen noch irgendeine Moral. Dann gilt das Recht des Stärkeren.

Und hier war Henk der Stärkere. Nichts bewies ihm das deutlicher als die Angst in den Augen der anderen. Und die Angst in Esthers Augen war einfach umwerfend. Sie wich zurück, ihre Pupillen flackerten, in den Sekunden, wo sie panisch darüber nachdachte, ob es irgendeine Rettung für sie geben könnte. Aber es gab keine und bevor sie fliehen konnte, hatte Arne sie schon gepackt.

Als sie den Schrei hörte, wusste Selin sofort, dass etwas nicht stimmte. Mehr noch, sie ahnte schon in der Sekunde, was passiert war. Und trotzdem machte sie den Fehler, den auch die anderen machten. Sie ging ins Haus. Einfach wegrennen, um die eigene Haut zu retten, wäre für sie nie infrage gekommen. Im Nachhinein wusste sie, wie viel klüger es gewesen wäre.

Sie hätte das, was kam, verhindern können. Die drei Peiniger waren zurück. Und Esthers gellender Schrei war eine Warnung vor der Waffe gewesen, die Henk auf sie gerichtet hatte.

Mit dem Gewehr in der Hand dirigierte Henk sie nun alle ins Wohnzimmer. Arne fuchtelte dazu mit dem Schraubenschlüssel.

»Du auch«, sagte er und gab Knut, der noch in der Tür stand, einen Stoß.

»Wir sind hintenrum rein.« Liam deutete glucksend auf die Terrassentür, als freue er sich ganz besonders über die geglückte Überraschung.

»Was wollt ihr denn noch?«, fragte Knut mit zusammengebissenen Zähnen.

»In einer Reihe aufstellen«, befahl Henk.

Selin sah, wie Philipp heimlich sein Handy gezogen hatte und die 110 wählte.

Arne machte einen schnellen Schritt vor. Philipp schrie auf. Der Schraubenschlüssel hatte seine Hand getroffen. Polternd fiel das Handy auf den Boden. Arne trat mit der Ferse darauf, dass es knackte.

»Ja, wir sind wieder da«, fuhr Henk ungerührt fort. »Einfach so zu gehen, das fühlte sich dann doch grundfalsch an.«

Philipp hielt mit schmerzverzerrtem Gesicht seine Hand. Arne hatte seinen Fuß gehoben und inspizierte die geriffelte Gummisohle. Er wischte darüber, als wolle er etwaige Splitter entfernen.

Selin sah besorgt zu Philipp. Sie überlegte, ob das Gewehr scharf war oder nicht. Es war eine Baikal-Doppelflinte, die Hähne gespannt, maximal zwei Schuss ohne Nachladen. Ein einfaches Jagdgewehr. Selin hatte bei ihrem Großonkel selbst schon mit so einem geschossen. Was, wenn sie sich jetzt auf Henk stürzen und ihn entwaffnen würde?

»Also wollt ihr noch mehr Geld ...?«, fragte Esther mit zitternder Stimme.

»Der materielle Schaden ist das eine«, sagte Henk und es klang, als erkläre er eine Binsenweisheit. »Das andere ist der ideelle.«

Sie standen alle aufgereiht vor der Couch. Arne tastete sie nacheinander ab und kassierte die übrigen Handys ein. »Und jetzt noch den Hausschlüssel und den Schlüssel für den Bus«, forderte er.

Esther und Knut tauschten Blicke mit den anderen und gaben Arne schließlich zögernd die Schlüssel. »Ihr wisst schon, dass ihr gerade ein schweres Verbrechen begeht«, sagte Knut gepresst.

»Hinkebein sagt, wir begehen ein schweres Verbrechen«, echote Liam.

Arne warf die Schlüssel und Handys zu Esthers Notebook und ging zur Treppe. »Ich guck mal, was ich oben noch finde.«

»Ein Verbrechen ...« Henk wedelte mit dem Gewehr. »Vielleicht. Vielleicht aber auch nicht. Interessante Frage. Aus der können wir alle lernen. Das ist es doch, was ihr wolltet: lernen.«

Selin schaute ihn wütend an. Sie hatte genug von dem Gequatsche. »Können wir jetzt mal RICHTIG reden? WARUM macht ihr das hier eigentlich alles? WAS wollt ihr? Also, was wollt ihr WIRKLICH?«

Henk nickte ernst und tippte mit dem Gewehrlauf auf ihre Brust. »Gute Frage.« Er drehte sich zu Liam: »Lemmi, was sagst du? WAS wollen wir? Also was wollen wir WIRKLICH?«

Liam schaute seinen Bruder an und überlegte angestrengt, als hätte er Angst, eine falsche Antwort zu geben. »Meine ... Tasche ...?«

»Jaahh ...« Henk lächelte aufmunternd. »Aber wenn die nun nicht mehr verfügbar ist?«

Liam zuckte überfordert mit den Schultern. »Ich weiß es nicht ...«

Henk ließ nicht locker. »Was ist mit Geld?«

»Das haben wir ja schon bekommen ...«, sagte Liam zögernd.

»Eben«, sagte Henk und sah Liam prüfend an. »Also was dann? – Komm, streng dich ein bisschen an.«

»Aber ich weiß es wirklich nicht ...«, wiederholte Liam und es klang fast ein bisschen trotzig.

Wusste er es nicht oder wollte er es nicht sagen? Knut schaute zwischen den Brüdern hin und her.

Henk knuffte Liam in die Seite. »Aber, du musst zugeben, Lemmi, es ist WIRKLICH eine gute Frage.«

Liam schob Henks Faust weg. »Du weißt genau, dass ich das nicht mag.« Seine Unterlippe zitterte.

Henk schüttelte genervt den Kopf. »Mein Gott, Lemmi, jetzt stell dich nicht so an.« Er trat einen Schritt zurück und wandte sich wieder an Selin. »Also, es ist so: Unser Erzeuger hat unsere Mutter geschlagen. Da war Lemmi noch sooo klein.« Er zeigte es mit Daumen und Zeigefinger. »Und er musste immer mit ihr –«

Liam fiel ihm ins Wort. »Das ist nicht wahr! Mama hat das nicht gemacht!« Täuschte es, oder hatte er jetzt Tränen in den Augen?

»Mama hat gesoffen, als sie mit dir schwanger war«, fuhr Henk ungerührt fort. »Deswegen ist Lemmi etwas – wie soll ich es sagen? – kognitiv beeinträchtigt. Und dazu emotional instabil. Wie ich auch. Mangelnde Affektkontrolle plus eine dissoziale Persönlichkeitsstörung.«

Es sah aus, als würde Liam nun wirklich weinen. »Du bist so scheiße ...«

»Wir kommen eben aus prekären Verhältnissen«, sagte Henk. »Gewalt in der Familie, soziale Verwahrlosung, Alkoholismus ... die ganze Palette. Und jetzt beruhig dich wieder.« Er packte Liam am Nacken und zog ihn an sich. Dann grinste er Selin an. »Jetzt weißt du es. Zufrieden?«

Selin tat ihm nicht den Gefallen zu nicken.

Knuts Blick ging wieder zwischen den Brüdern hin und her. Das alles wirkte wie ein zynisches Theaterstück, das sie vorher einstudiert hatten.

»Und das sollen wir jetzt glauben?«, sagte er.

»Oh, 'tschuldigung.« Henk lachte auf und klatschte sich an die Stirn, als hätte er einen dummen Fehler gemacht. »Falsche Schublade! In echt ist alles natürlich ganz anders: Wir sind wohlstandsverwahrloste

Rich Kids! Papa macht in Hedgefonds, während Mama sich die Nase pudert und den Fitnesstrainer vögelt. Auf dem Elite-Internat ist es uns einfach zu langweilig geworden. Deswegen sind wir abgehauen. Und jetzt versuchen wir unsere innere Leere zu füllen und endlich was zu erleben. Gefällt dir das besser?«

Knut wollte das Spiel nicht mitspielen und gab keine Antwort.

»Okay«, sagte Henk achselzuckend. »Das gefällt dir auch nicht. Welche Erklärung hättet ihr denn gern? Dass uns alles scheißegal ist? Dass wir einfach böse sind? Sadisten? Nihilisten? Terroristen?«

Liam schniefte lautstark. Henk deutete auf ihn. »Da seht ihr es: Jeder Mensch ist das Produkt seiner eignen Geschichte. – Aber vielleicht wollt ihr ja noch eine ganz andere Variante hören?«

Philipp versuchte innerlich ruhig zu bleiben. Was für eine Farce, die Henk da aufführte. Dumm nur, dass es dabei nichts zu lachen gab. Mit dem Gewehr hatte das Ganze ein neues Level erreicht. War da noch irgendein nachvollziehbarer Plan dahinter? Oder war alles einfach komplett irre? Ein finsteres Spiel ohne jedes vernünftige Ziel?

»Wie soll es jetzt weitergehen?«, fragte Philipp.

»Nicht so ungeduldig«, mahnte Henk. »Wir sind ja gerade erst angekommen und müssen uns erst mal sortieren.«

»Das sind alle.« Arnes Schritte polterten wieder die Treppe herunter. In den Armen hatte er die Geräte, die er in den Zimmern oben gefunden hatte.

»Gut so«, sagte Henk.

Arne packte die Handys, Notebooks und Tablets mit den anderen Sachen in einen Müllsack und ging damit nach draußen. Liam folgte ihm.

»Dann können wir uns jetzt ganz auf uns konzentrieren«, sagte Henk und ließ den Blick über die Gesichter schweifen. »Ihr seid ja alle weltoffene, tolerante und intelligente junge Leute.«

Niemand aus der Gruppe wollte darauf antworten.

»Nun ja, wie soll ich's sagen«, fuhr Henk fort. »Ich bin ein bisschen enttäuscht. Ehrlich gesagt hätte ich mir ein bisschen mehr Willkommenskultur gewünscht. Die Ungerechtigkeit der Welt bekämpfen, Wohlstand für alle, faire Ressourcenverteilung, eine bessere Gesellschaft ... das ist es doch, was ihr wollt. – Ja, und genau deswegen sind wir ja auch wieder zurückgekommen.«

Von draußen waren dumpfe Schläge zu hören, als würde jemand Holz hacken. Philipp sah durchs Fenster. Im Garten drosch Arne mit dem Schraubenschlüssel auf ein Handy ein. Neben ihm stand Liam mit dem Müllsack in der Hand.

Es war erstaunlich, wie widerstandsfähig diese Teile waren. Das Display war schnell hin, aber das Gehäuse blieb auch nach mehreren Schlägen noch in Form. Es erfüllte Arne immer mit einer stillen Genugtuung, Sachen kaputt zu machen. So wie den Scheinwerfer vorhin. Der Kitzel, der allein schon bei dem Gedanken daran kam. Als Kind hatte er voller Freude die Sandburgen zertrampelt, die andere in mühevoller Arbeit gebaut und mit Muscheln und Treibgut verziert hatten.

Am Ende verschluckte die Flut eh alles.

Arne hob den Schraubenschlüssel wieder. Das Metall lag kühl und verlässlich in der Hand. Der Schlüssel zischte durch die Luft. Die Bewegung war perfekt und traf das Handy genau in der Mitte. Die Einzelteile spritzten auseinander. Arne atmete tief aus und wieder ein. Er war das Meer. Eine dunkle, wogende Kraft, die mit Naturgewalt alles überrollte. Eigentlich schade um die Geräte. Die meisten sahen noch ganz neu aus.

Aber sie gehörten eben den falschen Leuten.

Arne streckte die Hand aus, damit Liam ihm das nächste Handy reichen konnte.

Manuel sah, dass es sein iPhone war, das Arne jetzt auf den Hackklotz legte. Er konnte erkennen, dass auf dem Sperrbildschirm mehrere neue Nachrichten angezeigt waren, und fragte sich, ob eine davon vielleicht von Leonie war. Der Schraubenschlüssel traf das Gerät an der Seite, sodass es in hohem Bogen durch die Luft flog.

Die anderen schauten nun auch alle hin. Niemand wagte zu protestieren.

Henk trat mit dem Gewehr ans Fenster. »Ja, da seht ihr es. Lemmi und Arne, zwei verstörte junge Männer, die ihren Frust abreagieren. Ich weiß, es ist ein bisschen lächerlich. Aber ihr solltet ihnen entgegenkommen und die Hand ausstrecken.«

Draußen holte Liam das nächste Handy aus dem Müllsack und gab es Arne, der die Prozedur wiederholte.

Henk richtete das Gewehr auf Esther.

»Das ist doch nicht zu viel verlangt.«

Manuel schaute zu Esther, die nicht wusste, was sie tun oder sagen sollte. Sie hatte rote Flecken im Gesicht und den Blick gesenkt, um nicht auf den Gewehrlauf schauen zu müssen. Ihre Hände nestelten am Saum ihres Shirts.

»Nimm das Gewehr weg«, presste Knut zwischen den Zähnen hervor.

Henk schwenkte das Gewehr auf ihn.

»Dein Freund kann es natürlich auch machen.«

»Ich ... ich verstehe nicht ... was ... sollen wir denn machen?«, stotterte Esther.

»Ist das so schwer zu verstehen?«, sagte Henk. »Oft reichen schon kleine Gesten. Statt uns abzulehnen und auf uns herabzusehen, könntet ihr uns einfach willkommen heißen. Du, als Herrin des Hauses. Da werden dir doch wohl ein paar warme Worte einfallen?«

Esthers Blick flackerte Hilfe suchend hin und her. Manuel nickte ihr zu: Tu es. Gib ihm, was er will. Es hat keinen Sinn, sich zu widersetzen.

Esther hatte verstanden. »Also ... ich heiße euch willkommen«, sagte sie stockend.

»Das ist doch schon mal ein Anfang«, sagte Henk. »Und wie sehen das die anderen?« Der Gewehrlauf wanderte über die Reihe.

Manuel wiederholte: »Ich heiße euch auch willkommen.«

Die anderen zogen jetzt auch nach. »Willkommen.« Selin spuckte das Wort mehr aus, als dass sie es sagte.

Arne und Liam kamen von draußen wieder herein.

»Ihr habt was verpasst«, rief Henk. Liam warf den leeren Müllsack im Flur in eine Vase aus Steingut. »Unsere Gastgeber sagen, wir sollen uns ganz wie zu Hause fühlen.«

Henk und Arne hatten es sich auf dem Sofa bequem gemacht. Das Gewehr lag auf Henks Knien. Arne hatte das linke Bein angewinkelt und spreizte die Zehen in den Schuhen mit den Fingern seiner rechten Hand. Liam kam mit der Packung Mango-Eis ins Wohnzimmer: »Es gibt auch noch Himbeere!« Er hatte es jetzt also doch entdeckt.

Vom Esstisch aus verfolgte Selin mit den anderen, wie Liam sich neben Henk setzte und den Deckel öffnete.

»Unser Schleckermäulchen.« Henk kniff ihn in die Wange.

»Papa sagt, Zucker ist gut für die Nerven«, sagte Liam und bohrte den Löffel in das hartgefrorene Eis.

»Da hört ihr es«, Henk klopfte auf das Gewehr, »Lemmi will einfach immer ein guter Sohn sein!«

Selin konnte das Pingpong zwischen den beiden Brüdern nur schwer ertragen. Die ganzen Klischees. Die konstruierte Familiengeschichte. Die prekären Verhältnisse. Wie dreist sie sich das angeeignet hatten.

Niemand konnte sich seine Herkunft aussuchen. Sie hing auf den Schultern wie ein Rucksack, der einem bei der Geburt auf den Rücken genäht worden war. Selin hatte sich immer anders gefühlt. Anders als die anderen im Kindergarten. Anders als die anderen in der Klasse. Die bio-deutschen Kinder von bio-deutschen Eltern. Egal, wie sehr sie sich angestrengt hatte, so zu sein wie sie. Und trotz aller Einsen und Belobigungen blieb das Gefühl, das alles nicht wirklich verdient zu haben und als Betrügerin entlarvt zu werden. Als eine, die nur so tat, als gehöre sie dazu. Und je mehr sie daran arbeitete dazuzugehören, desto fremder wurde sie zu Hause. Ihre Eltern verstanden sie nicht. Die ganzen Themen – Feminismus, Antirassismus, Gender –, was sollte das alles? Sie wollten einfach nur, dass ihre Tochter sich einen besseren Platz in dieser Gesellschaft erarbeitete als sie.

»Und als guter Sohn hört Lemmi natürlich auf seinen Vater und besucht ihn regelmäßig«, fuhr Henk fort. »Unser Erzeuger hat viel falsch gemacht in seinem Leben. Und jetzt hat er die Quittung dafür bekommen.«

Selin glaubte von alldem kein Wort. Und selbst wenn etwas davon stimmen sollte, begründete das nicht im Geringsten, was die drei hier taten.

Liam balancierte einen großen Eisklumpen Richtung Mund.

»Was denn für eine Quittung?«, fragte Philipp.

»Er ist im Krankenhaus.« Der Klumpen fiel aufs Sofa. Liam schob ihn eilig mit dem Finger zurück auf den Löffel.

»In der Psychiatrie, Lemmi«, sagte Henk. »Wir wollen nichts beschönigen. Und da hat er nicht mehr viel zu lachen. Deswegen hat der liebe Lemmi seinen alten Zauberwürfel eingepackt. Zur Beschäftigung für ihn.« Henk hielt seine Hände hoch und imitierte ein Zittern. »Damit sich die tattrigen Finger an was festhalten können. Aber, was soll ich sagen, Lemmi, du hattest einfach Pech. Man könnte auch sagen: Dir ist übel mitgespielt worden. Und jetzt ist der Würfel weg. Samt der Tasche, in der er drin war. Was sagen wir dazu?«

»Das Thema hatten wir schon«, sagte Selin schroff. »Das Geld, das wir euch gegeben haben, reicht, um die Sachen neu zu kaufen.«

»Geld.« Henk lachte auf. »Da sind wir wieder beim Unterschied zwischen materiellem und ideellem Schaden. Wie war das noch mal genau?«

Er deutete mit dem Gewehr auf Knut, als würde er ihn abfragen.

»Also ...« Knut knetete angespannt die Hände. »Ein ideeller Schaden ist immateriell und daher schwer messbar ... in Geld ...«

»Korrekt«, sagte Henk. »Und weil er schwer messbar ist, ist er auch schwer zu kompensieren. Ihr merkt schon: Wir reden hier jetzt über eine ganz neue Kategorie. Die Größe eurer Schuld.«

Henk stand auf und ging mit dem Gewehr in der Hand sinnierend vor ihnen auf und ab.

»Die Größe eurer Schuld ... – wir werden die Frage einfach nicht los.« Er blieb vor Selin stehen und musterte sie herausfordernd. »Oder wie siehst du das?«

»Soll ich darauf jetzt ernsthaft antworten?«

»So ernsthaft, wie es nur geht«, sagte Henk. »Dann lernen wir alle was.«

Selin wich seinem Blick nicht aus. Sie wollte sich nicht einschüchtern lassen. »Wenn es dir wirklich um die ›reine Größe unserer Schuld‹ geht, dann sind wir hier alle schuldig. Schon qua Geburt. Auch du.«

»Interessante These.«

»Keine These, sondern Fakt«, fuhr Selin fort. »Die großen Industriestaaten verdanken ihren Wohlstand einer Geschichte der kapitalistischen und rassistischen Ausbeutung. Durch unser Erbe und unseren Lebensstil sorgen wir dafür, dass den anderen 80 Prozent der Menschheit die Lebensgrundlage entzogen wird. Durch Armut, Klimakatastrophen, Krankheiten, Hunger ...«

»Und was willst du uns damit jetzt sagen? Dass wir alle in die Ecke gehen sollen und uns schämen, weil wir so furchtbar schuldig sind?«

Selin schob das Kinn vor, ihre Augen blitzten. »Ich will damit sagen, dass mir eure beschissene Tasche am Arsch vorbeigeht, wenn wir über die Größe von Schuld reden. Ihr habt die Kohle dafür gekriegt und genommen. Und gut ist.«

»Du neigst dazu, sehr überheblich zu sein«, sagte Henk und sah dabei auf seine Hand, als erwäge er, Selin wieder eine Ohrfeige zu verpassen. »Das kann für alle gefährlich werden.«

Esther warf Selin einen warnenden Blick zu. Sie fand es unklug, Henk so zu provozieren, wo sie jederzeit einen neuen Gewaltausbruch fürchten mussten. Aber Henk senkte das Gewehr, machte auf dem Absatz eine Drehung und schnipste mit den Fingern. Es wirkte fast komisch, wenn es nicht so ernst gewesen wäre.

»Ich weiß, was wir jetzt brauchen!«, rief er und sah in die Runde. »Was Ordentliches zu essen. Ich krieg nämlich auch Hunger. Und mit dem Süßkram ist jetzt Schluss.«

Liam leckte den Löffel ab und ließ ihn in die leere Eispackung fallen.

Arne klatschte sich auf den Bauch. »Ja, Abendessen wär nicht schlecht.«

»Ich finde, unsere Gastgeber sind uns eine warme Mahlzeit schuldig.« Henk warf Arne das Gewehr zu und tänzelte in die Küche. »Für die Mayo haben wir ja schon gesorgt.«

Esther sah durch die Tür, wie er vor den Kochbüchern stehen blieb. Er ließ den Finger über die Buchrücken gleiten, zog eins aus dem Regal und kam damit zurück ins Wohnzimmer.

»›Jamie's Ministry of Food‹.«

Er blätterte in dem Buch und betrachtete die Fotos von den Gerichten. »Hmmm, jummie ... Wie wärs damit ...?«

Er hielt das Buch hoch, damit Arne und Liam es auch sehen konnten. »›Roast potatoes, fennel and carrots‹.«

Arne runzelte die Stirn. »Potatoes und das andere sind okay, aber das dazwischen klingt irgendwie scheiße.«

»Was der Bauer nicht kennt ...« Henk grinste. »Unser Arne hat in Englisch immer nur 'ne Vier geschafft. Könnt ihr ihm das bitte mal übersetzen.«

»Fennel ist Fenchel«, erklärte Esther schnell.

»Well done.« Henk blätterte weiter. »Was gibts denn noch?«

»Fenchel hätten wir hier.« Esther bemühte sich, ihre Stimme möglichst gleichgültig klingen zu lassen. »Frisch aus dem Gemüsebeet draußen im Garten. Kartoffeln und Karotten auch. Wir können sie ernten.« Ihr Puls beschleunigte sich. Wenn Henk sie rauslassen würde, war das vielleicht ihre Chance ... der Moment, auf den sie die ganze Zeit warteten ... die Gelegenheit, Hilfe zu holen ... irgendetwas zu tun, um sich zu befreien.

»Gemüse frisch aus dem Garten ...« Henk überlegte kurz und schnalzte. »Klingt gut.«

Arne und Liam nickten achselzuckend.

Henk nahm Arne das Gewehr wieder ab und zeigte damit auf Esther und Philipp. »Ihr zwei holt die Sachen. Die anderen bleiben hier. Und versucht nicht, uns zu verarschen, sonst ...« Er drückte den Gewehrlauf unter Knuts Kinn und formte mit den Lippen ein leise ploppendes »Paff«.

Philipp folgte Esther zu dem kleinen Gartenschuppen und überlegte. Sie könnten jetzt einfach abhauen und Hilfe holen.

»Gibt es sonst noch irgendjemanden hier in der Nähe?« Er sprach leise, als würde sie jemand hören können.

Esther schüttelte den Kopf. »Nur Hanika.«

Philipp sah zu dem Nachbarhaus rüber, das still in der Mittagssonne lag. Von Hanika oder dem Hund war nichts zu sehen.

»Er ist der Einzige, der uns helfen könnte.«

Esther öffnete die Tür des Schuppens. Neben dem Rasenmäher standen Kübel und Tontöpfe. An der Wand hingen Gartenwerkzeuge. Philipp überlegte, welche davon als Waffe taugen könnten.

Esther nahm den Spaten, Handschuhe und einen Korb, den sie Philipp in die Hand drückte.

»Ich hab auch gedacht, dass wir was machen können ...«

Auf dem Weg zum Gemüsebeet kamen sie an dem Hackklotz vorbei. Darum versprengt lagen die Reste ihrer Handys und Tablets.

Philipp schaute auf die dichte Hecke und den Zaun, die das Nachbargrundstück abgrenzten.

»Ich könnte einfach rüberklettern ...?«

Esther stieß den Spaten ins Gemüsebeet und deutete mit einer Kopfbewegung Richtung Terrasse.

»Das sieht der sofort.«

Hinter dem großen Fenster stand Arne und beobachtete sie.

»Glaubst du, dass Henk wirklich so weit gehen würde und ...« Philipp sprach es nicht aus.

»Ich hab einfach Angst«, sagte Esther und ihre Stimme zitterte plötzlich. »Um Knut ... um uns alle ...«

Sie fing an zu graben. Ihre plötzliche Verzweiflung verunsicherte Philipp. Der Widerstandsgeist, den er gerade noch verspürt hatte, schwand. Eine Weile arbeiteten sie schweigend. Sie scharrten Kartoffeln und Möhren aus der trockenen Erde und legten sie in den Korb.

Philipp schaute wieder zum Nachbargrundstück hinüber. Ihm war, als hätte sich in einem der Fenster im oberen Stock etwas bewegt.

»Ich glaube, Hanika ist da«, sagte Philipp und deutete unauffällig in die Richtung.

Esther war zum nächsten Beet gegangen, schnitt die ersten Fenchelknollen ab und kürzte die Blattstiele ein.

Philipp legte die Knollen in den Korb und sah dabei wieder möglichst unauffällig zu dem Fenster hoch. Jetzt war er sich sicher: Hinter dem Glas war neben dem Vorhang schemenhaft eine Gestalt zu erkennen.

»Oben am Fenster.«

Esther warf einen schnellen Blick zum Nachbarhaus. Die Gestalt hinter dem Giebelfenster rührte sich nicht. Sie stand einfach nur unverwandt da und schaute.

»Wir müssen ihm ein Zeichen geben«, flüsterte Philipp aufgeregt.

Esther drehte den Kopf wieder Richtung Terrasse.

»Arne beobachtet uns die ganze Zeit«, sagte sie angespannt.

Philipp schaute ebenfalls hin.

Hinter der Scheibe fuhr Arne sich langsam mit der Hand über die Kehle. Das deutliche Zeichen, dass ihre Zeit um war.

»Wir müssen zurück.« Esther legte die restlichen Fenchelknollen schnell in den Korb.

Philipps Blick fiel auf den Spaten, in dessen Metallblatt sich das Sonnenlicht spiegelte. Er hatte eine Idee. In der Unterstufe hatten sie ihre Französischlehrerin zur Weißglut gebracht, indem sie mit ihren Geodreiecken Lichtpunkte über ihren Arsch tanzen ließen, bis alle immer lauter gelacht hatten und Frau Dolezal herumgefahren war: ›Arrêtez cette puérilité tout de suite!‹

»Gib mal kurz.« Philipp nahm Esther den Spaten aus der Hand und wischte das Blatt ab. »Pack einfach langsam weiter zusammen.«

Esther warf ihm einen fragenden Blick zu, zog die Handschuhe aus und klopfte sich die Erde von den Knien. Philipp drehte den Spaten so, dass er das Sonnenlicht zum Nachbarhaus rüberlenkte. Der helle Punkt traf das Giebelfenster und huschte mehrmals darüber hinweg: Kurz – kurz – kurz – lang – lang – lang – kurz – kurz – kurz.

Morsealphabet. SOS.

Philipp wiederholte die Signalfolge. *Save our Souls.*

Esther hatte nun auch verstanden. Sie richtete sich langsam auf und nahm den Korb. »Achtung, er kommt«, warnte sie.

Aus dem Augenwinkel sah Philipp, wie Arne die Terrassentür öffnete und auf die Terrasse trat.

Philipp ließ den Spaten sinken. Hoffentlich hatte Hanika das Signal verstanden. Er nahm Esther den Korb ab und zeigte Arne den Daumen: Fertig! Kommen schon!

Im Gehen drehte Philipp sich noch mal um und schaute zum Giebelfenster hoch. Der Vorhang war zugezogen. Von Hanika war nichts mehr zu sehen. Vielleicht telefonierte er schon mit der Polizei, dachte Philipp um Optimismus bemüht.

Vor dem Haus wartete Arne auf sie. Er schaute misstrauisch auf das Gemüse in dem Korb.

»Sieht aus wie Alienkacke.«

Sie fingen an zu kochen. Manuel putzte und schälte die Möhren und Kartoffeln. Philipp und Knut schnitten den Fenchel in Stücke. Selin und Esther rührten die Marinade an. Arne lehnte in der Tür und passte genau auf, was sie mit den Küchenmessern machten. Er hatte wieder das Gewehr. Von Zeit zu Zeit riss er es wie auf einen imaginären Befehl hoch, ging in Stellung und legte an. Dann ließ er es wieder sinken und entspannte sich, um das Manöver ein paar Minuten später zu wiederholen.

Manuel wischte sich die Hände ab und fragte, was er als Nächstes tun solle. Esther zeigte auf das Backblech und gab ihm einen Pinsel. Sie redeten nur das Nötigste. Manuel hatte das Gefühl, dass Esther und Philipp noch angespannter waren als vorher. Etwas schien im Garten vorgefallen zu sein. Während Manuel das Backblech mit Olivenöl bestrich, schaute Philipp immer wieder aus dem Fenster, als warte er auf irgendwas.

Selin verteilte das geschnittene Gemüse auf dem Blech. Sie goss die Marinade darüber und schob alles in den Backofen.

Manuel folgte Philipp ins Wohnzimmer, um den Tisch zu decken. Achtmal Teller und Besteck.

»Wir haben einen Notruf abgesetzt«, sagte Philipp kaum hörbar und rückte eine Gabel zurecht. »An den Nachbarn.«

Manuel ließ sich nichts anmerken. Von der Küchentür schaute Arne mit angelegtem Gewehr zu ihnen und fixierte sie über Kimme und Korn.

»Das riecht schon mal gut!« Henk kam frisch geduscht aus dem

Bad. Er hatte ein Handtuch um den Hals und cremte seinen Oberkörper mit einer Lotion ein, die er wohl im Kosmetikschrank von Esthers Mutter gefunden hatte.

Liam, der die ganze Zeit im Wohnzimmer auf der Couch lag, guckte irgendwelche Videos auf seinem Handy, die mit übertriebenen Lachern unterlegt waren.

Henk zog sein T-Shirt an und setzte sich ans Kopfende des gedeckten Tisches. »Essen!«

Es war schwer auszuhalten, wie die drei mit Appetit aßen. Henk löffelte sich dick Mayonnaise auf den Teller. Das Gewehr lehnte neben ihm am Tisch. Liam und Arne waren schon bei der zweiten Portion.

Selin registrierte verwundert, dass alle drei formvollendet mit Messer und Gabel hantierten. Vielleicht wollten sie sich damit über die Tischmanieren der anderen lustig machen. Das Bier tranken sie weiter aus den Flaschen.

Der Teller vor Selin war leer. Sie hatte nur ein paar Happen genommen. Ihr war nicht nach Essen zumute. Esther ging es ähnlich. Selin dachte an die Nagelfeile, die sie wieder in ihren Kulturbeutel zurückgelegt hatte, bevor sie an den See gegangen waren.

»Schmeckts euch nicht?«, fragte Arne.

Esther schob ein Möhrenstück auf ihrem Teller hin und her.

Selin wusste nun auch Bescheid. Bevor sie sich an den Tisch gesetzt hatten, hatte Philipp es ihr und Knut gesagt. Ihr Blick ging zu der Uhr an der Wand. Es war über eine Stunde her, dass Esther und Philipp aus dem Garten zurückgekommen waren. Wahrscheinlich hatte Hanika das Zeichen nicht verstanden – oder wollte es nicht verstehen.

»Das war gut, Jamie.« Henk legte Messer und Gabel nebeneinander auf den Teller.

»Und Fennel heißt Fenchel«, wiederholte Arne und leerte sein Bier.

Esther stellte die Teller zusammen und wollte aufstehen. »Dann können wir ja abräumen.«

»Nicht so eilig.« Henk bedeutete ihr sitzen zu bleiben. »Wir haben ja noch was vor.« Er lehnte sich auf dem Stuhl zurück und angelte sich den Collegeblock. Selin nutzte den Moment. Sie legte die linke Hand auf ihre Gabel und ließ sie schnell unter dem Tisch verschwinden.

Henk blätterte in Esthers Aufzeichnungen. »Die großen Fragen der Menschheit. Jetzt geht es richtig los mit dem Lernprogramm.«

Niemand nickte, niemand widersprach.

Henk hatte etwas gefunden. »Hier, das gefällt mir: ›Gerechtigkeit ist eine Tugend so wunderbar schön, dass nicht der Abend- und nicht der Morgenstern gleich ihr glänzt.‹«

Er schaute auffordernd in die Runde. »Na, von wem ist das?«

Schweigen. Unter dem Tisch umschloss Selin die Gabel mit der Faust.

»Okay. Wen nehm ich …?«

Er ließ seinen Blick über die Gesichter schweifen.

Liam zeigte schnell auf Philipp. »Schoko soll.«

Henk hielt das Gewehr wie einen Zeigestock und deutete damit auf ihn.

»Also?«

Selin sah, wie Philipps Kiefer sich anspannte. Sie wünschte, dass er sich widersetzte und die Antwort verweigerte. Aber was würde dann passieren?

»Aristoteles«, sagte Philipp knapp. »Nikomachische Ethik.«

»Korrekt«, sagte Henk.

Liam klatschte in die Hände. »Und jetzt Aische!«

Das kalte Metall der Gabel bohrte sich in die Innenfläche ihrer Hand. Selin musste nur zustechen. Einmal, zweimal, dreimal. Bevor Henk abdrücken konnte. Aber noch hatte er das Gewehr. Selin räusperte sich und schob die Gabel hinter ihrem Rücken in ihren Hosenbund.

Ein schnelles Ende war nicht absehbar. Philipp hatte die Hoffnung aufgegeben, dass von Hanika noch irgendwas kommen würde. Aber je länger die Sache dauerte, desto nachlässiger würden die drei werden. Und irgendwann würden sie sie dann überwältigen können.

Philipp verfolgte, wie Henk die Seiten des Blocks weiter durchblätterte.

»Ah, das ist interessant!« Er hatte eine neue Stelle gefunden. »›Über das Böse.‹« Henk legte das Gewehr lässig über die Schulter und las laut vor: »›Kant nennt das Böse radikal, weil es als Neigung in der menschlichen Natur verwurzelt ist.‹«

»Heißt Kant auf Englisch nicht Fotze?«, platzte Arne dazwischen und grinste. Liam kicherte.

Aber Henk ignorierte die Bemerkung und las konzentriert weiter: »›Für Kant ist das Böse eine Möglichkeit der menschlichen Freiheit, entgegen den objektiven Gesetzen der Sittlichkeit zu handeln.‹«

Er ließ den Block sinken, hielt bedeutungsvoll inne und guckte Selin an. »›Eine Möglichkeit der menschlichen Freiheit, entgegen den objektiven Gesetzen der Sittlichkeit zu handeln‹ – das musst du jetzt erklären.«

»Was gibts da noch zu erklären«, entgegnete Selin hart. »Neigung zum Bösen – du bist der beste Beweis dafür.«

Philipp hielt die Luft an. Selin ging wieder in die Vollen.

Henk runzelte die Stirn und schüttelte den Kopf. »Das ist mir jetzt zu billig.« Er tippte auf die Stelle im Block. »Wenn ich das richtig lese, sagt Kant nämlich, dass das Böse sozusagen Freiheit ist ... geiler Gedanke!« Er lächelte.

»Ich weiß nicht, ob du das richtig kapiert hast«, sagte Selin.

»Erklärs mir.«

»Kant sagt damit, dass das Böse eine logische Bedingung der Möglichkeit von Freiheit ist. Wenn der Mensch frei sein soll, ethisch zu handeln, dann muss er auch das Gegenteil tun können. Sonst wär er nicht frei.«

Henk nickte beeindruckt. »Dieses Ethik-Ding gefällt mir. Warum hatten wir das nicht in der Schule?«

Er sah zu Liam und Arne, die nicht so wirkten, als fänden sie das Ganze besonders interessant.

»Der Mensch kann entscheiden, wie er handelt ...«, wiederholte Henk und legte den Collegeblock weg.

Alle schwiegen. Philipp versuchte die Mienen der anderen zu lesen. Wie schräg war es, dass sie hier scheinbar einträchtig am Tisch saßen und ernsthaft mit Henk über Ethik diskutierten. War das schon ein Fall von Stockholm-Syndrom? Oder eine besonders subversive Form von Widerstand? Ab wann war Anpassung Unterwerfung?

Philipp dachte daran, dass sein Vater ihn unbedingt Okwui nennen wollte. Aber seine Mutter hatte sich durchgesetzt. Ein deutscher Vorname, damit Philipp es nicht noch schwerer habe, als er es ohnehin schon haben würde. Okwui wurde als zweiter Vorname in die Geburtsurkunde eingetragen. Und sein Vater benutzte ihn manchmal, wie um daran zu erinnern.

»Können wir jetzt aufstehen?«, fragte Liam und gähnte.

»Ich müsste auch dringend mal aufs Klo«, sagte Knut.

Esther war froh, dass das Frage-Antwort-Spiel ein Ende hatte und sie nicht drangekommen war. Sie griff erneut nach den Tellern, um sie abzuräumen. Aber Henk war immer noch nicht fertig.

»Wartet mal. Die Sache ist noch nicht zu Ende gedacht«, sagte er und faltete wieder die Hände vor dem Mund. »Wenn der Mensch sich frei für das Böse entscheiden kann, dann muss er sich auch allein dafür verantworten. Richtig?«

»Wenn er dabei erwischt wird«, sagte Arne.

Henk fuhr fort: »In unserem konkreten Fall heißt das: Ihr habt euch frei dafür entschieden, die Tasche meines Bruders zu klauen und zu beseitigen.«

»Und seid dabei erwischt worden«, ergänzte Arne.

»Ja«, quengelte Liam. »Und ich hab jetzt keine Tasche mehr.«

Knut seufzte müde. »Wir haben es doch schon gesagt: Wir wollten die Tasche nicht klauen. Es war eine Verkettung unglücklicher Umstände.«

»Und genau diese Verkettung interessiert mich«, sagte Henk und packte das Gewehr: »Denn am Ende muss es einer oder eine getan haben. Also: Wer von euch hat die Tasche aus dem Bus geworfen?«

Etwas Ähnliches hatte Esther die ganze Zeit schon befürchtet. Das ganze Gerede war nur Vorspiel gewesen.

Keiner in der Runde sagte etwas. Alle Gesichter waren erschöpft und leer. Gezeichnet von der Ahnung, dass das, was jetzt noch kommen würde, nur noch übler sein konnte als alles, was schon war.

»Ihr könnt jetzt abräumen«, Henk klopfte mit der flachen Hand auf den Tisch. »Dreißig Minuten Bedenkzeit. Dann will ich die Antwort!«

Manuel war nervös. Was würden die anderen sagen? Würden sie dem Druck standhalten oder klein beigeben?

Um Zeit zu gewinnen, trocknete er jedes Geschirrteil ganz besonders gründlich ab.

»Jetzt sollen wir uns gegenseitig die Schuld in die Schuhe schieben«, murmelte er.

Philipp stand neben ihm an der Spüle. Das Wasserrauschen war laut genug, um ihr Flüstern zu übertönen.

» Er will Denunzianten aus uns machen.« Er klapperte laut mit den Tellern.

Esther trat mit einem frischen Geschirrtuch hinter sie. »Mit Hilfe von außen können wir wohl nicht rechnen.« Sie schluckte, um ihren Mund zuckte es. »Weder von Hanika noch von der Polizei.«

»Wir dürfen uns jetzt nicht kirre machen lassen.« Philipp reichte ihr eins der frisch gespülten Messer. Es war scharf. Sie könnten damit einen Angriff wagen.

Manuel schielte zu Arne, der in der Tür stand und sie beobachtete. Im Wohnzimmer saß Henk zurückgelehnt am Tisch.

Esther legte das trockene Messer in die Küchenschublade.

Manuels Blick ging zu Selin, die das Backblech mit Küchenpapier sauber wischte. Irgendwie lag er ständig über Kreuz mit ihr und wenn er ehrlich war, musste er zugeben, dass er sie nicht leiden konnte. Aber sie war die Kämpferischste von ihnen allen.

Nein, Manuel war sich sicher. Niemand würde ihn verraten und sagen, dass er die Tasche aus dem Bus geworfen hatte. Sie würden zusammenhalten. Und alles, was sie brauchten, war ein Plan, wie sie hier wieder heil rauskommen konnten. Fünf gegen drei. Also: drei plus ein Gewehr. Aber wie sollten sie einen Plan schmieden, wenn sie ständig unter Beobachtung waren?

Von nebenan fiel ein rötlicher Schimmer in die Küche. Es war mittlerweile dunkel geworden. Arne hatte das Licht im Wohnzimmer angeschaltet und spielte mit der Ambient-Light-Steuerung, sodass der Raum in wechselnden Regenbogenfarben leuchtete.

Liam hatte ihn unwillig zur Toilette begleitet und stand draußen vor der Tür, um aufzupassen. Knut öffnete die Hose und ließ sich mit gestrecktem Bein langsam auf die Schüssel sinken. Sein Fuß rutschte auf den glatten Fliesen. Er machte eine unkontrollierte Bewegung und ein stechender Schmerz durchzuckte sein Bein. Knut sog die Luft durch die Zähne. Als er endlich saß, stand ihm der Schweiß auf der Stirn. Knut versuchte, nicht auf sein Knie zu schauen. Es war dick und geschwollen, die Haut über der Kniescheibe spannte und war blauschwarz.

Knut wischte sich mit Klopapier über das Gesicht. Er und die anderen waren für das hier nicht gemacht. Für diese Art von Gewalt. Sie waren Friedenskinder von Friedenseltern. Überzeugt, dass sich Konflikte regeln ließen ... Streitgespräche, Verständigung, Kompromisse ... Sie vertrauten auf die Institutionen – Eltern, Schule, Staat – und auf Recht und Gesetz. Aber das hier hatte damit nichts mehr zu tun. Das hier war Kampf. Terror. Ohne Kompromisse. Nicht: ich UND der andere. Sondern: ich ODER der andere. Wenn sie nicht fertiggemacht werden wollten, mussten sie auch kämpfen. Henk schlagen, damit er sie nicht mehr schlagen konnte.

Knut stöhnte leise. Wie sollte er kämpfen, wo er sich mit dem kaputten Bein doch kaum rühren konnte?

Sein Blick fiel auf den WC-Reiniger neben der Toilette. Er könnte Liam das Zeug ins Gesicht spritzen. Aber dann blieben immer noch Henk, Arne und das Gewehr.

Von draußen klopfte Liam an die Tür: »Wie lange dauert das denn noch?«

Knut drückte die Spülung. »Komme ja schon.«

Er zog sich am Waschbecken hoch, schloss die Hose und drehte das Wasser an. Während es rauschte, öffnete er den Schrank über dem Becken und durchsuchte ihn. In einer Schale mit Schminksachen lag ein Kajalstift.

Knut nahm ihn und ließ das Wasser weiter laufen. »Bin gleich so weit.«

Ihre Chance war am größten, wenn sie alle auf einmal zuschlugen. Sie mussten ihre Überzahl nutzen und alle drei gleichzeitig außer Gefecht setzen.

Knut riss ein Blatt vom Toilettenpapier ab, überlegte und fing an mit dem Kajalstift darauf zu schreiben.

Knut kam mit Liam von der Toilette zurück und ließ sich umständlich neben Selin auf die Couch sinken.

»So schlimm?«, fragte sie leise mit Blick auf sein Bein.

»Geht schon.«

Sie spürte, wie seine Hand ihre berührte und er ihr etwas zuschob. Es fühlte sich weich an. Sie umschloss es mit den Fingern.

Henk, der schon ungeduldig gewartet hatte, baute sich vor ihnen auf.

»So, alle wieder da. Die 30 Minuten sind um. Weiter gehts.« Er stemmte das Gewehr wie eine Hantel in die Luft. »Langsam wollen wir ja auch zum Ende kommen.«

Selin öffnete die Hand. Ein zusammengefaltetes Stück Klopapier. Sie faltete es unauffällig auseinander. Darauf stand in krakeligen Druckbuchstaben:

Startsignal K
S + P + K >> H
E + M >> L + A

Sie schaute zu Knut, der sie aus dem Augenwinkel beobachtet hatte, und nickte unmerklich. Sie hatte verstanden. Was wie eine Rechnung mit Variablen aussah, war ein Plan – endlich!

Arne spielte immer noch mit der Lichtsteuerung herum und probierte gerade ein schummriges Violett aus. Liam kam mit einer Tüte Chips aus der Küche.

Henk war genervt. »Könnt ihr euch bitte auch noch mal konzentrieren?«

»Okay, okay ...« Arne hörte auf, mit dem Licht zu spielen.

Selin nutzte den Moment, um das Papier heimlich zu Esther weiterzuschieben.

Henk schritt vor ihnen auf und ab. »Ihr hattet Zeit, um nachzudenken und euer Gewissen zu prüfen. Wir waren bei der Frage stehen geblieben: Wer von euch hat die Tasche aus dem Bus geworfen?«

Selin sah, wie Esther im Schatten ihres Pulloverärmels verstohlen auf die Zeilen schaute.

»Schweigen im Walde. Nichts anderes hab ich erwartet. Hab ja bisher auch nur nett gefragt.« Henk stand dicht vor ihnen und schaute auf Knuts gestrecktes Bein. »Aber es gibt ja noch ein Knie.« Er gab Arne einen Wink.

Arne griff nach dem Schraubenschlüssel. »Bin bereit.«

Philipp sah die Angst in Knuts Augen. Er hatte den Kopf gehoben und versuchte nicht in den Gewehrlauf zu starren, den Henk auf ihn gerichtet hatte.

»Das tust du nicht.« Knuts Stimme klang tonlos.

»Und nimm das Scheißgewehr weg!«, sagte Selin und versuchte den Lauf wegzuschieben.

Aber Henk drückte sie damit zurück in die Kissen. »Nicht anfassen! Sonst gibt es noch ein Unglück.«

Arne trat mit dem Schraubenschlüssel in der Hand neben Henk und stellte sich in Position.

Philipp suchte Knuts Blick. Was genau hatte er vor? Philipp hatte die Nachricht von Esther zugesteckt bekommen und gelesen. Wie sollte das Startsignal aussehen? Im Moment sah es nicht gut für Knut aus.

»Sag, wenn ich loslegen soll.« Arne wippte auf seinen Zehenschuhen hin und her.

»Erst mal hören, ob es nicht doch noch eine Wortmeldung gibt«, sagte Henk und blickte in die Runde.

Philipp hielt die Luft an. Der Druck war unerträglich.

»Ich war das nicht mit der Tasche!« Knut stand der Angstschweiß auf der Stirn.

»Meine Frage war nicht, WER es NICHT war«, sagte Henk, »sondern, WER es war.«

Arne hob den Schraubenschlüssel und probte die Schlagbewegung in der Luft.

Philipps Blick ging zu Manuel, der schweigend am Tisch stand. Er war der Einzige, der das Papier noch nicht bekommen hatte.

Aber war jetzt überhaupt noch die Zeit dafür? Musste nicht jetzt SOFORT etwas passieren? Musste nicht Manuel endlich sagen, dass ER es war, der die Tasche aus dem Fenster geworfen hat? Oder sollte einer von ihnen es sagen? Was sonst konnten sie noch tun, um Knut zu schützen?

Manuel spürte die Blicke der anderen auf sich und las den unausgesprochenen Vorwurf in den Gesichtern: dass Knut für etwas büßen musste, was er nicht getan hatte. Das wars mit dem Zusammenhalt. Jetzt dachten alle, dass er sich bekennen sollte.

Aber wieso eigentlich? Wieso sollte er den Kopf hinhalten, nur weil er getan hatte, was eigentlich alle wollten. War das gerecht? WAS war überhaupt gerecht? War es gerecht, dass Leonie ihn abserviert hatte? Gerechtigkeit war relativ. Wie bei diesem Ultimatumspiel. Das hatte er mal als Referatsthema in Gemeinschaftskunde gehabt. Ein Spieler kriegt 1000 Euro und muss einem anderen einen Teil davon anbieten. Wenn der akzeptiert, dürfen beide ihren Anteil behalten. Lehnt er ab, kriegt keiner etwas. Die meisten Spieler bieten die Hälfte an, teilen also gerecht. Aber die Habgierigeren kommen auch mit 700 Euro durch. Erst wenn ein Spieler mehr als 700 Euro für sich fordert, lehnt der andere in der Regel ab und verzichtet lieber ganz. So viel zum Thema: Gerecht ist, was sich gerecht genug anfühlt.

Aber von dem, was hier abging, fühlte sich nichts gerecht genug an. Im Gegenteil.

Der Schraubenschlüssel zischte durch die Luft. Knut schrie auf. Sein Bein zuckte.

»Stillhalten!«, sagte Henk.

»Das war nix. Der hat weggezogen. Warte ...« Arne holte wieder aus und zielte.

»Hört auf«, schrie Esther wie außer sich. »Hört auf! Hört bitte endlich auf!«

Manuel schloss die Augen und spürte, wie Philipp ihm in dem Tumult etwas zusteckte.

Knuts ganzer Körper zog sich krampfartig zusammen in Erwartung des nächsten Schlags.

Doch bevor es dazu kam, trat Manuel vor.

»Ich wars«, sagte er. Und dann noch mal besonders deutlich: »Ich hab die Tasche aus dem Auto geworfen.«

Knut hielt immer noch die Luft an.

Henk drehte sich langsam um. »Na, bitte.«

Arne ließ den Schraubenschlüssel sinken.

Knut holte Luft. Er spürte, wie der Krampf nachließ und sich seine Muskulatur entspannte. Er versuchte die Stelle zu spüren, wo der Schraubenschlüssel ihn getroffen hatte. Sie schmerzte nur leicht. Knut hatte das Bein rechtzeitig weggezogen. Der Schlag hatte sein Knie verfehlt und war auf seiner Wade gelandet.

Henk stand dicht vor Manuel. »Der Täter ist also geständig. Jetzt brauchen wir nur die gerechte Strafe für ihn. Lemmi, was denkst du?«

»Ich weiß auch nicht ...« Liam ließ die Chipstüte sinken und leckte seine Finger ab.

»Ich könnte einfach abdrücken«, sagte Henk und drückte das Gewehr gegen Manuels Bauch. Manuel wollte zurückweichen, aber hinter ihm war der Tisch. Er ballte die Hände und Knut sah, wie zwischen den Fingern der Rechten das Weiß des Klopapierkassibers hervorlugte.

Wenn er jetzt das Startsignal geben würde, riskierte er, dass Henk abdrückte und Manuel tödlich verletzte. Sie mussten irgendwie Zeit gewinnen. Henk noch mal ablenken. Aber wie?

Da stand Selin neben ihm von der Couch auf. »Er war es nicht. Ich wars.«

Knut guckte überrascht. Dass Selin für Manuel in die Bresche sprang, hätte er niemals gedacht. Aber es war gut. Die ganze Idee war gut!

Philipp hatte schon verstanden und stand ebenfalls auf: »Nein, ich wars.«

Sofort zog Esther nach: »Nein, ich«, sagte sie und dann sagte auch Knut: »Nein, ich.«

Henk trat einen Schritt zurück und zog die Augenbrauen hoch. »So läuft das jetzt also ...«

Henk musste zugeben, dass die Wendung gelungen war. Kein schlechter Gegenzug. Das hätte er ihnen gar nicht zugetraut. Aber mehr war es eben auch nicht. Ein Gegenzug. Ein Versuch, ihn aufzuhalten, abzulenken und Zeit zu schinden. Unter dem hehren Ideal der Solidarität. Dabei war die längst aufgebraucht. Spätestens seit allen klar geworden war, dass es um die Existenz ging. Sein oder Nicht-Sein. Adieu Gutmenschentum, Feminismus, Antirassismus, Diversität, Blablabla – Fakt ist, dass die Welt sich immer aufgeteilt hat in die, die die Kohle haben, und die, die keine haben. Die, die erben, Aktiendepots besitzen, sich Häuser auf dem Land kaufen und ihre Kinder ins Ballett schicken. Und die, die nichts haben außer ihrer Maloche und dem Suff, den sie brauchen, um nicht zu spüren, wie fertig sie sind. Die ihre Blagen verprügeln, damit die gar nicht erst hoffen können, es je besser zu haben, und dann mit 50 an Lungenkrebs oder Leberzirrhose sterben ... So sieht es aus. Gestern, heute und morgen.

Henk hatte das Gefühl, dass jetzt richtig Schwung in die Sache kam. Er wandte sich an Arne: »Was sagst du jetzt dazu?«

»Keine Ahnung.« Arne zog laut die Nase hoch. »Wenn alle schuld sein wollen, dann sind eben auch alle schuld.«

Henk sah Liam an. »Und was meinst du?«

Liam zog eine Schnute. »Mir dauert das alles zu lange.«

»Jetzt reiß dich zusammen, Lemmi.« Henk verpasste ihm eine Kopfnuss.

»Ey!«, protestierte Liam und duckte sich schnell weg.

»Keine halben Sachen«, sagte Henk. »Wer A sagt, muss auch B sagen. Wenn alle schuld sein wollen, dann sind auch alle schuld. Arne hat es auf den Punkt gebracht.«

Arne runzelte die Stirn. »Also ... knallen wir jetzt alle ab?«

»Korrekt.« Henk lächelte.

»Auf einmal oder nacheinander?«

Henk fuhr mit der Hand über den Schaft des Gewehrs. »Mit einer Doppelläufigen ist die Antwort natürlich: nacheinander.« Er schaute auf die Uhr an der Wand. »Alle zehn Minuten zwei. Dann sind wir noch vor Mitternacht fertig.«

Und jetzt?! – Philipp schaute immer wieder zu Knut. Worauf wartete er noch? Wo blieb das Signal!? Gleich war es zu spät!

Henk legte das Gewehr an und bewegte es suchend hin und her, um sie abwechselnd ins Visier zu nehmen. »Mit wem fangen wir an?«

Er verzog das Gesicht und prustete laut los. »Bluff!« Sein Lachen dröhnte. »Mann, ihr müsstet euch sehen! Die Panik in euren Augen!«

Er drehte sich zu Arne und Liam. »Die haben das geglaubt.«

Er schien sich bestens über seinen Witz zu amüsieren und klatschte immer wieder auf den Gewehrkolben.

»Ich habs auch geglaubt«, sagte Liam und es klang fast ein bisschen enttäuscht.

»Scheiße, ich auch«, bekräftigte Arne. »Schade eigentlich, dass –«

Da unterbrach ihn ein lautes Krachen. Philipp zuckte zusammen. Das Geräusch von splitterndem Glas. Es kam von den Bierflaschen, die bis eben noch auf dem Couchtisch gestanden hatten und nun klirrend auf dem Steinboden zerplatzten. Knut hatte sie mit einer schnellen Armbewegung heruntergefegt. Das Startsignal! Endlich. Philipp stürzte nach vorne.

Henk war zu überrascht, um sofort zu reagieren. Bevor er das Gewehr wieder richtig packen konnte, hatte sich Philipp schon auf ihn geworfen. Selin kam ihm zu Hilfe. In ihrer Hand blitzte etwas. Mit einer schnellen Bewegung stach sie zu. Henk schrie auf. Selin stieß die Gabel noch mal in seine Flanke.

Manuel und Esther hatten die Hälse von zwei zerbrochenen Bierflaschen geschnappt und hielten damit Arne und Liam in Schach. »Keine Bewegung!«

Henk taumelte und hielt sich die blutige Stelle an seiner Seite. Selin machte einen Ausfallschritt, um erneut zuzustechen. Aber Henk wich aus, packte Selin an den Haaren und riss sie zu Boden. Selin schrie vor Schmerz. Philipp hatte schon zum Sprung angesetzt. Sein Knie traf Henk an der Brust und schleuderte ihn zurück. Das Gewehr polterte zu Boden. Selin stürzte sich darauf und bekam es zu fassen. Liam schrie.

Henk hatte die Wucht des Stoßes aufgefangen. Er taumelte, aber er fiel nicht, sondern schwang mit seiner ganzen Körpermasse zurück wie ein Pendel und rammte seinen gesenkten Kopf in Selins Magen. Sie riss den Mund auf, rang nach Luft. Knut, der die drei humpelnd umkreist hatte, griff nach dem Gewehr. Doch Henk hatte es schon wieder gepackt. Selin und er zerrten daran. Liams Schreien gellte weiter durch den Raum.

»Sei still!« Esther fuchtelte mit dem Flaschenhals vor seinem Gesicht.

Henk und Selin rangen keuchend um das Gewehr. Knut stolperte zurück. Philipp suchte eine Lücke zwischen den ineinander verkeilten Leibern. Henks Gesicht war rot vor Anstrengung. Philipps Faust schnellte vor und traf. Aus Henks Nase schoss Blut. Aber er ließ nicht locker. Mit beiden Händen hielt er den Kolben umklammert, Selin den

Lauf. Knut hatte den Kerzenständer vom Tisch gepackt und schlug damit auf Henks Arm.

»Ich mach dich alle!«, hörte Philipp ihn keuchen.

»Auf den Kopf!«, schrie Selin.

Philipp bekam Henks Ohren zu fassen und riss dessen Kopf zurück.

Der Knall war ohrenzerfetzend. Schrot peitschte durch die Luft. Henk wurde durch den Rückschlag nach hinten geschleudert. Selin prallte mit der Schulter gegen Knut und riss ihn mit sich zu Boden. Philipp stand zwischen ihnen. Esther und Manuel hielten die Flaschenhälse und schauten mit aufgerissenen Augen. Liam hatte aufgehört zu schreien. Arne öffnete und schloss den Mund, wie ein Fisch auf dem Trockenen.

Philipps Ohren klingelten. Ein hochfrequentes Schrillen wie durch Watte. Der Pulverdampf brannte in seinen Lungen. Knut hielt immer noch den Kerzenständer in der Hand. Er rief etwas, aber Philipp hörte immer noch nichts. Dafür sah er das Blut, das Selins Top dunkel färbte. Er stürzte zu ihr und beugte sich über sie. Selin hatte die Augen offen. Die Pupillen waren starr nach oben gerichtet, wo die Schrotladung aus dem Gewehr ein Muster aus schwarzen Punkten in die Decke gegraben hatte.

Philipp griff nach ihrer Hand, sie war ganz schlaff und kalt.

Selin! Bitte nicht! Nein! Nein ...

Nein, sie atmete noch! – Ein Glück. Ihre Brust hob und senkte sich.

»Selin!?«

Knut ließ den Kerzenständer los und beugte sich ebenfalls über sie.

Hinter ihnen hatten Manuel und Esther sich von Liam und Arne abgewandt. Aus den Augenwinkeln registrierte Philipp, wie Manuel das auf dem Boden liegende Gewehr greifen wollte, aber Henk zog es mit seinem Fuß zu sich. Er packte es und richtete es auf Manuel. Der hob die Hände und wich zurück. Henk wischte sich das Blut von der Nase. An der Seite, wo die Gabel ihn getroffen hatte, waren zwei kleine dunkle Flecken auf seinem T-Shirt.

Henk gab Manuel durch einen Wink mit dem Gewehr zu verstehen, dass er zu den anderen gehen solle.

Liam schaute verstört zu seinem Bruder.

Philipp hatte Selins Top hochgeschoben und beugte sich über ihren Oberkörper. »Scheiße!« Vor lauter Blut konnte er nicht sehen, wo die Verletzung war. Da hörte er hinter sich ein schlagendes Geräusch.

Henk brüllte etwas. Arne sprang auf und rannte los.

Philipp wusste nicht, was das alles zu bedeuten hatte.

Dann kapierte er: Das Geräusch war das Schlagen der Haustür gewesen.

Sie hatte es geschafft! In dem Tumult war sie hinter Henks Rücken zur Tür geschlichen und entkommen. – Entkommen! Entkommen! – Hatte er Selin erschossen?! Hatte Henk das wirklich getan?! Esther rannte durch den Garten und sprang über das Tor. Ihr erster Impuls war, Hanika um Hilfe zu bitten. Er war nicht im Garten. Das Haus sah dunkel und verlassen aus. Sein Wagen stand nicht in der Einfahrt. Ausgerechnet jetzt musste er unterwegs sein!

Esther überlegte: Sollte sie die Straße Richtung Dorf nehmen oder über den Feldweg Richtung Wald? Sie entschied sich für die Straße und rannte los. Als sie ein gutes Stück hinter sich gebracht hatte, blieb sie stehen. Ihr Atem ging schnell und ihre Lungen schmerzten. Sie sah zum Haus zurück. Arne stand vor der Tür und schaute sich um. Esther duckte sich schnell weg, aber Arne hatte sie trotz der Entfernung schon gesehen. Er winkte. Dann trabte er los. Esther rannte panisch weiter. Sie hatte einen ordentlichen Vorsprung und war eine gute Läuferin. Aber bis zum Dorf waren es über drei Kilometer. Sie sah sich immer wieder um. Arne folgte ihr in gleichbleibendem Abstand. Weder schien er müde zu werden noch es darauf anzulegen, sie einzuholen. Esther überlegte, wo im Dorf sie am ehesten Hilfe bekommen könnte. Viel Kontakt zu den Leuten hatten sie und ihre Eltern nie gehabt. Da sah sie, wie ihr aus der Ferne ein Auto entgegenkam. Ein Kombi. Hanikas Wagen! Ein Glück! Sie lief ihm auf der Mitte des Fahrstreifens entgegen und gestikulierte mit den Armen. Der Kombi bremste ab, hinter dem Steuer schaute Hanika verwundert durch die Windschutzscheibe. Auf der Rückbank saß Telemann. Esther lief zur Fahrertür und klopfte an die Scheibe.

»Herr Hanika! Hilfe!«, keuchte sie atemlos. »Rufen Sie die Polizei! Bitte! Schnell!«

Telemann reckte seine Schnauze Richtung Scheibe.

Aber Hanika schaute Esther nur ausdruckslos an, als könne er sie im Wageninneren nicht verstehen.

Esther rüttelte an der Autotür, die sich aus irgendeinem Grund nicht öffnen ließ. Hatte Hanika sie von innen verriegelt?

»Die bringen uns um!«, schrie sie und deutete Richtung Arne, der immer näher kam. »Machen Sie bitte auf! Sie müssen die Polizei rufen!«

Esther schlug mit der flachen Hand gegen das Glas. Telemann winselte. Sein Jaulen drang bis nach draußen. Hanika musste Esthers Hilferuf im Wageninneren hören. Aber er rührte sich nicht. Schaute einfach nur.

»Tun Sie doch was!« Esthers Augen flackerten. Arne war nur noch wenige Meter entfernt. Sie schlug wieder gegen das Fenster.

Endlich rührte sich Hanika und ließ die Scheibe eine Handbreit herunter. Telemann schnupperte aufgeregt, aber Hanika schob ihn zurück.

»Die Polizei!«, schrie Esther verzweifelt.

Arne hatte sie fast erreicht. Er nickte freundlich in Hanikas Richtung und kam auf Esther zu. Sie hörte das leise Abrollgeräusch seiner Schuhe.

»Hey, beruhig dich.« Er trat neben sie und fasste sie am Arm.

Esther versuchte ihn wegzustoßen. »Hau ab!«

Sie griff in den Fensterschlitz und krallte sich mit beiden Händen an der Scheibe fest. Ihre Stimme überschlug sich: »Mann, tu doch endlich was, du Arschloch!«

Im Wagen neigte Hanika den Oberkörper leicht zur Seite. Als müsse er ihren Fingern ausweichen, von denen irgendeine Ansteckungsgefahr ausging. Telemann jaulte aufgeregt.

Arnes Hand hatte Esthers Arm fest umschlossen. Er zog sie mit sanfter Gewalt von dem Auto weg und lächelte entschuldigend. »Sie ist ein bisschen neben der Spur. Zu viele Drogen ...«

»ER LÜGT! HILFE!«, schrie Esther. Sie trat und schlug wild um sich. Ihre Fäuste trafen Arnes weiches Fleisch. Aber trotz seiner Behäbigkeit war er stark und hielt sie eisern umklammert.

Hanika ließ den Wagen langsam wieder anrollen.

»Sie machen das schon.« Er legte kurz die Hand an die Schläfe, als würde er salutieren, und beschleunigte.

Esther sah, wie der Wagen sich entfernte, und sackte schluchzend zusammen. Die Tränen brannten wie Säure auf ihren Wangen. Das war das Ende. Sie konnte nicht mehr.

»Komm schon.« Arne zog sie hoch auf die Beine und stieß sie vorwärts. »Wir gehen wieder nach Hause.«

Telemann, Platz!« Der Hund hörte auf zu jaulen und legte sich wieder auf die Rückbank. Hanika gab Gas. Im Rückspiegel sah er, wie die junge Boehme schwankend neben dem Mann herstolperte. Ein seltsames Paar. Man konnte den Eindruck gewinnen, dass er sie eher zum Mitkommen zwang, als ihr zu helfen. Hanika war an Exzesse gewöhnt, aber diesmal schien es mehr zu sein als einfach nur eine aus dem Ruder gelaufene Party. Ihm waren die Zeichen nicht entgangen. Die Schreie und die Lichtsignale.

Hanika zog sein Handy aus der Jackentasche und legte es auf den Beifahrersitz. Es hatte panisch geklungen, wie die junge Boehme ihn gebeten hatte, die Polizei zu rufen. Panisch und gleichzeitig unverschämt. Ein schlechter Drogentrip, wie der junge Mann sagte ...? Eher unwahrscheinlich. Hanika wusste nicht, ob er ihr hätte helfen sollen oder nicht. Oder anders: Er wusste nicht, ob er ihr überhaupt hätte helfen WOLLEN oder nicht. Er verspürte keinerlei Impuls, etwas für sie zu tun. Im Gegenteil, es hatte sich richtig gut angefühlt, dass sie ihn um etwas bitten musste. Dass sie dringend etwas von ihm wollte, ihn regelrecht angefleht hatte – und er die Gelegenheit hatte, sie einfach zu ignorieren.

Hanika schaute noch einmal in den Rückspiegel. Die Entfernung war zu groß. Von den beiden war nichts mehr zu sehen. Er könnte immer noch anhalten und die Polizei rufen.

Er konnte es aber auch einfach lassen.

Der Tumult hatte Henk gründlich aus dem Konzept gebracht. Was auch immer das Konzept von diesem Fucker war. Die Dinge gerieten außer Kontrolle: der Angriff, der Schuss, Esthers Flucht ... Henk war nervös und gar nicht mehr cool. Er hatte Liam angeschrien, als der zu lahm war und den Verbandkasten nicht gleich im Bus fand. Und während Philipp und Knut sich um Selin kümmerten, war Henk mit dem Gewehr in der Hand immer wieder zum Fenster gelaufen und hatte rausgeschaut. Unter seiner Nase klebten Reste von verkrustetem Blut und er drückte immer wieder die Hand auf die Stelle, wo Selin ihn mit der Gabel getroffen hatte. Manuel hatte überlegt, ob er einen weiteren Überrumpelungsversuch riskieren sollte, aber erst mal war es wichtig, dass Selin versorgt wurde.

So krass, dass es sie erwischt hatte. Zum Glück nur ein Streifschuss. Philipp und Knut hatten die Wunde so gut es ging verbunden. Aus dem Erste-Hilfe-Kurs für die Fahrprüfung wusste Knut noch, wie man Kompressen anlegt. Selin war nach dem Schock jetzt wieder voll ansprechbar.

Liam saß die ganze Zeit stumm auf einem Stuhl und kaute an seinen

Fingernägeln. Manuel horchte auf. Da war ein Geräusch an der Haustür. Henk hatte es auch gehört und hob das Gewehr.

Für einen Moment hatte Knut die irrwitzige Hoffnung, dass Esther es geschafft hatte. Dass sie Hilfe geholt hatte und nun mit einem Polizeiaufgebot ins Haus stürmen würde.

»Hallo. Da sind wir wieder.« Arnes Stimme machte die Hoffnung zunichte. Er zerrte Esther durch die Tür und gab ihr einen Stoß, sodass sie ins Wohnzimmer stolperte. Sie sah schlimm aus. Völlig aufgelöst und verheult. Die Haare hingen ihr ins Gesicht. Knut wagte kaum, sie anzuschauen.

»Unsere Musterschülerin ist beim großen Ethiktest wohl durchgefallen.« Henk lächelte und zupfte an seinem T-Shirt, das locker über seinen Hosenbund fiel.

Allzu schlimm konnte Selin ihn nicht verwundet haben. Knut sah zu ihr. Sie saß blass auf der Couch, ihr rechter Arm ruhte in der Schlinge, die Knut ihr zusätzlich zum Schulterverband gemacht hatte.

Henk trat dicht vor Esther. »Die eigene Haut retten und die anderen hängen lassen.« Er packte sie am Kinn und drückte ihren Kopf hoch, sodass sie ihm in die Augen schauen musste. »Wie erbärmlich ist das denn?«

Esther sagte kein Wort. Knut hatte immer gedacht, dass er sie kenne wie kaum sonst einen Menschen, jede Regung an ihr. Aber so kannte er sie nicht. So klein und hilflos und verloren.

»Was sagen denn die anderen dazu?«

Henk war wieder Herr der Lage und wedelte mit dem Gewehr.

Knut presste die Lippen zusammen. Alle schwiegen.

Arne kam mit einem frischen Bier, das er sich zur Belohnung für seinen Einsatz aus der Küche geholt hatte. »Und wie gehts jetzt weiter? Mit dem Kameradenschweinchen ...« Er grunzte, setzte die Flasche an und trank in großen Zügen.

»Preisfrage«, sagte Henk. »Aber unseren Ethikexperten hats wohl die Sprache verschlagen.«

Wieder sagte keiner etwas.

»Da hilft dann nur noch abstimmen«, sagte Henk. »Hand hoch oder nicht. Nur über welche Möglichkeiten?«

Arne setzte die Flasche ab. »Eine wäre erschießen. Aber jetzt ernsthaft ...« Er schaute auf den Rest in der Flasche. »Standrechtlich oder wie das heißt.«

»Wir sind hier nicht im Krieg«, sagte Henk.

Arne rülpste explosionsartig.

»Obwohl?« Henk warf Arne einen rügenden Blick zu und packte wieder Esthers Kinn. »Ist man nicht eigentlich immer im Krieg? Hobbes und so weiter?«

Esthers Schultern zuckten. Sie weinte leise. »Ich wollte nicht abhauen.«

»Sie ist davongerannt wie ein Hase.« Arne nahm eine Serviette vom Tisch und wischte damit den Staub von seinen Zehenschuhen.

»Ich wollte Hilfe holen ...«, schluchzte Esther.

»Hilfe holen ... Auf die Gefahr hin, dass wir uns an allen deinen Freunden rächen würden?« Henk richtete das Gewehr auf Esther. »Also – Option eins: Wer stimmt dafür, sie wegen Verrats zu erschießen?«

Keiner hob die Hand.

»Können wir jetzt nicht einfach alles vergessen?« Knut hielt es nicht mehr aus und trat vor. Sein Knie schmerzte, aber es war ihm egal. »Ihr nehmt euch alles, was ihr wollt, und geht. Und wenn ihr weg seid, werden wir nichts tun. Keine Anzeige erstatten, nicht die Polizei rufen, es niemandem erzählen. Als wäre alles nicht geschehen ...«

»Auch eine interessante Lösung«, sagte Henk. »Also, Option zwei: Alles vergessen. – Wer ist dafür?«

Nacheinander hoben alle die Hand.

Als Letztes Selin.

»Da hätten wir also eine klare Mehrheit für Option zwei.« Henk wandte sich an Arne und Liam. »Was sagt ihr dazu?«

Arne zog die Nase hoch. »Ich sag mal: Was geschehen ist, ist geschehen.«

Liam, der mit ausgebreiteten Armen in einer Ecke des Sofas hing, die Augen geschlossen, schüttelte nur apathisch den Kopf. »Ich kann gar nicht mehr denken ...«

»Tja, das ist das Problem: Wie können wir das jetzt alles sauber zu Ende denken und zu einem befriedigenden Schluss kommen? Nach allem, was geschehen ist und was ihr getan habt.«

»Es gibt die Möglichkeit zu vergeben«, sagte Knut. »Wir alle sind fehlbar und machen Fehler, aber wir können sie uns gegenseitig verzeihen.«

»Verzeihen, huhuh«, wiederholte Henk spöttisch. »Bin ich Jesus? Was für ein religiöser Scheiß ist das denn jetzt!?«

Er deutete auf Liam, der die Augen weiter geschlossen hielt, als ginge ihn das alles hier gar nichts mehr an. »Und Lemmi ist auch nicht der Sohn Gottes. Die Erlösung der Menschheit ist ihm schnurz. Er wollte nur seine Tasche zurück. Dann wäre alles wieder gut gewesen. Für ihn und für Papa. Und wir hätten das Ganze vergessen können. Aber die Chance habt ihr leider verspielt. Und Lemmi kann nun seine Liebe nicht zeigen. Die Liebe zu seinem Erzeuger. Den zu lieben übrigens fast unmöglich ist. Was Lemmis Gefühle nur noch größer und heiliger macht. Und dass ihr die verletzt habt, sollen wir euch jetzt verzeihen?! Denkt ihr, dass das gerecht ist? Denkt ihr das ernsthaft?«

Keiner reagierte.

Nur Liam seufzte wieder laut.

Henk war irre. Ein fanatischer Prediger, der sich an sich selbst berauschte. Die großen Worte – Schuld und Sühne, Recht und Gerechtigkeit – waren nur Hülsen für seinen Größenwahn. Für seinen

Sadismus und seine Allmachtsfantasie. Selin wusste jetzt, dass es keine Hemmschwelle mehr gab und Henk zu allem fähig war.

Er wollte, dass die Gruppe ein Opfer bringt.

»Ein Menschenopfer.« Henks Augen glühten. »Und kein Gott wählt es aus, sondern ihr selbst. Aus eurer Mitte.«

Selin wollte ihn anbrüllen: Hör endlich auf mit der Scheiße! Das ist alles Bullshit, was du da redest! Aber sie wagte es nicht. Nicht mehr. Denn kein Argument zählte jetzt noch, alles eskalierte, keine Spur mehr von Vernunft, es blieb nur Wahnsinn.

Henk machte wieder diese Drehung auf dem Absatz. Eine Pirouette, als wäre alles ein Tanz.

»Ihr wählt aus, wer von euch sich für die anderen opfert. Oder vielleicht will sich ja auch jemand freiwillig bereit erklären.«

Selin wagte einen Blick in die Runde, aber alle hatten ihre Gesichter abgewandt, als würden sie die Blicke der anderen meiden. Selin meinte die unausgesprochenen Gedanken zu hören, die aus den Köpfen brüllten. Wie erleichtert Esther war, erst mal wieder aus der Schusslinie zu sein. Wie Manuel nach dem gescheiterten Überrumpelungsversuch jetzt die Schuld auf die ganze Gruppe verteilte. Wie Philipp innerlich mit sich rang und gerne den Mut bewiesen hätte, den er nicht hatte. Und wie Knut immer noch nach dem einen zwingenden Akt der Vernunft suchte, der den Wahnsinn stoppen könnte.

»Okay.« Henk drehte noch eine Pirouette. »Wir wollen fertig werden. Wenn ›einer für alle‹ nicht zieht, dann machen wir eben ›alle für alle‹.«

Er griff in die Tasche und zog eine Packung Patronen raus. »Munition ist genug da. Und am einfachsten geht es alphabetisch. Immer schön der Reihe nach.« Henk hielt inne und runzelte die Stirn. »Da fällt mir ein, dass wir uns ja noch gar nicht richtig vorgestellt haben. Wie unhöflich. Nach allem, was wir schon zusammen erlebt haben! Henk, Arne, Lemmi.« Er deutete nacheinander auf sich und die anderen. »Und ihr?« Er schaute auffordernd in die Runde. »Aische ist ja schon mal ganz weit vorne.«

»Sie heißt Selin«, sagte Philipp schnell, bevor Selin etwas entgegnen konnte, und schob dann seinen Namen nach. Knut und Manuel folgten. Esther war die Letzte. Sie wusste, was es für sie hieß, und murmelte kaum hörbar ihren Namen.

»Esther.« Henk richtete das Gewehr auf sie. »Hallo, Nummer eins.«

»Aber …« Esthers Wangen bekamen rote Flecken. Ihre Stimme bebte. »Das ist ungerecht. Ich bin am wenigsten schuld. Ich war von Anfang an dagegen, die Tasche rauszuschmeißen. Ich wollte sie zurückbringen. Das ist die Wahrheit!«

Wenn sie auf Beistand gehofft hatte, so wurde sie enttäuscht. Ihr verzweifelter Blick ging zu Manuel. »Sag bitte, dass es stimmt!«

Manuel schwieg. Knut und Philipp auch.

»Allmählich wirds zäh«, sagte Henk und trat ungeduldig vor Manuel.

»Ich lass mich nicht zum Sündenbock machen!«, sagte der. »Ihr wart auch dafür!«

»Es stimmt.« Selin konnte nicht länger schweigen. Es war ein innerer Drang. Sie versuchte ihre Stimme fest klingen zu lassen. »Du hast die Tasche rausgeworfen. Aber ich war auch dafür. Alle waren dafür. Alle, bis auf Esther.«

Knut und Philipp widersprachen nicht.

»Wenn sie auf mich gehört hätten, wäre alles nicht passiert …«, sagte Esther.

Selin spürte, wie heiße Scham in ihr aufstieg und sie innerlich verbrannte. Scham darüber, dass sie sich jetzt so erleben mussten. So klein und unwürdig und nur auf das eigene Überleben bedacht. Allen voran die sonst so perfekte Esther, die ihre Freundin war.

»Das reicht jetzt«, beschied Henk. »Dann halt nicht alphabetisch. Lemmi, los, du zählst ab.«

»Muss ich?« Liam blinzelte träge vom Sofa rüber.

»Ja, du musst«, sagte Henk. »Zufallsprinzip.«

Liam stand umständlich auf und schlurfte zu ihnen. Mit ausgestrecktem Zeigefinger begann er den Abzählreim runterzuleiern. »Ene, mene, miste. Es rappelt in der Kiste. Ene, mene, meck ...«

Manuel schaute aus den Augenwinkeln zu Selin, die neben ihm stand.

»... und du bist weg.« Liams Finger zeigte auf sie. Um ein Haar hätte es ihn getroffen.

»Also die schon wieder«, sagte Henk.

Für den Bruchteil einer Sekunde empfand Manuel Erleichterung und schämte sich sofort dafür. Selin nahm die Entscheidung scheinbar reglos zur Kenntnis. Die Haltung gerade, den Kopf erhoben.

»Eine Sache haben wir noch.« Henk gab Liam ein Zeichen zurückzutreten und wedelte mit dem Gewehr. »Ihr habt ja nach dem Warum gefragt. WARUM wir das alles tun.«

Er machte eine Pause und kratzte sich am Hinterkopf.

»Jetzt, wo wir fast durch sind, können wir es ja verraten. Falls ihr es überhaupt noch wissen wollt.«

Er machte wieder eine Pause.

»Arne, komm, sag du es ihnen.«

Arne, der am Tisch lehnte, guckte überrascht: »Ich?«

»Du bringst die Sachen immer gut auf den Punkt. Also lass hören.«

Arne blies Luft aus und zuckte mit den Achseln.

Dann sagte er: »Na ja ... ganz einfach ...«

Und machte wieder eine Pause.

»... weil.«

»Weil«, wiederholte Henk und machte mit der Hand eine Da-habt-ihr-es-Geste.

Manuel spürte, wie ihm schwindelig wurde. Er konnte nicht mehr.

»Besser kann man es nicht auf den Punkt bringen.« Henk hob das Gewehr. »Einfach nur: Weil.«

Jeder Schlag ein Schrei. Jeder Schnitt ein Wimmern. Jeder gebrochene Finger ein Abgrund aus Schmerz. Ursache und Wirkung. Aktion und Reaktion.

Das präzise Reiz-Reaktions-Muster hatte Henk schon immer fasziniert. Auch weil er gut darin war. Das hatte er schon früh gemerkt. Er konnte quälen. Insekten, Katzen, Hunde, Menschen. Und es erfüllte ihn mit tiefer Befriedigung. Einer Befriedigung, die mit nichts vergleichbar war, und die dadurch gekrönt wurde, dass sein Opfer das auch erkannte. Diesen Moment liebte Henk besonders: wenn dem anderen mit Schrecken klar wurde, dass er von ihm nichts zu erwarten hatte. Kein Mitleid, kein Erbarmen, kein Schuldgefühl. Er war der perfekte Peiniger. Und andere zu bestrafen war seine Mission. Doch dabei suchte er immer auch nach der Antwort auf die eine Frage. Damit das Ganze nicht in völlige Willkür und blinde Raserei ausartete. Wer hatte Strafe verdient und wer nicht?

Einfach nur ein schwarzes Loch. Selin blickte in die Mündung des Gewehrlaufes, den Henk vor ihr Gesicht hielt.

»Die Feuertaufe hattest du ja schon. Aber keine Sorge, diesmal machen wir es richtig.«

Henk nahm eins der Kissen vom Sofa und warf es Arne zu, der es lässig auffing. Er öffnete den Reißverschluss und zog den Bezug ab.

Selin ahnte, was nun kam. »Nein ...«, sagte sie tonlos und wich zurück, bis sie die Wand in ihrem Rücken spürte.

Sie suchte den Blick der anderen, aber die hielten die Köpfe gesenkt, schauten alle zu Boden, weil sie es nicht aushielten. Arne trat mit dem Kissenbezug auf sie zu.

»Nein, bitte nicht ...«

Selin spürte, wie der Kampfgeist aus ihr wich. Sie schlug die Hände vors Gesicht. Ihre Beine gaben nach.

»Lemmi, kannst du mal mit anpacken.« Liam trat vor Selin, die langsam an der Wand nach unten rutschte. Er packte sie, zerrte sie hoch und drückte ihr den linken Arm runter. Arne streifte ihr mit einer schnellen Bewegung den Bezug über den Kopf und packte ihren anderen Arm. Selin hatte keine Kraft, sich dagegen zu wehren. Der Stoff legte sich auf ihr Gesicht. Er war dick und kratzig. Sie sah nichts mehr. Sie spürte, wie die muffig staubige Luft ihre Lungen füllte. Auf der Stelle hatte sie das Gefühl zu ersticken und japste panisch. Der Stoff des Bezugs stülpte sich in ihren aufgerissenen Mund. Selin zuckte und versuchte ihre Arme zu befreien, aber Arne und Liam hielten sie fest.

»Ganz ruhig«, sagte Henk. »Wir haben es gleich.«

Selin fühlte, wie etwas gegen ihre Stirn drückte. Das schwarze Loch. Der Gewehrlauf. Sie fing an zu schreien, warf den Kopf hin und her und trat wild um sich.

»Hey, mach dich locker ...« Henks Stimme klang jetzt fast sanft. Ein Schlachter, der das Schlachttier beruhigen wollte.

Selin spürte, wie eine Hand gegen ihre Kehle drückte, sodass sie nur noch röcheln konnte. Ihr Hinterkopf schürfte über den groben Putz der Wand. Sie hatte das Gefühl, als würde ihr Hals gleich platzen. Ihr Atem rasselte. Sie bekam keine Luft mehr. In der Schwärze vor ihren Augen zuckten auf einmal helle Lichtblitze.

»Haltet sie gut fest«, sagte Henk.

Selin wollte nicht sterben. Sie wollte leben. Sie spannte alle ihre Muskeln an und bäumte sich in einer letzten Kraftanstrengung auf.

Selin kämpfte um ihr Leben.

Das war es. Das Schlimmste, was passieren konnte.

Dass sie nichts mehr machen konnten. Dass sie es geschehen lassen mussten.

Ihre gellenden Schreie unter dem Kissenbezug, ihre verzweifelten Versuche, sich loszureißen, der nasse Fleck, der ihre Jeans dunkel färbte.

Er konnte nichts tun. Sie konnten nichts tun. Die Worte kreisten in Knuts Kopf wie ein Mantra, mit dem er das Unfassbare fassbar zu machen versuchte.

Sie. Konnten. Nichts. Tun.

Sie waren dazu verurteilt, tatenlos zuzusehen. Von einer Gewalt in Menschengestalt, die nichts Menschliches mehr hatte. Henk war die Negation aller Moral und Werte. Er war ein Monster. Und Arne und Liam seine Handlanger. Willige Helfer eines Sadisten, dessen Psyche so krank war, dass er niemals hätte frei sein dürfen.

»Na, endlich«, sagte Henk. »Geht doch.«

Selin war auf einmal ganz ruhig, stand einfach nur da, der Kopfkissenbezug hob und senkte sich über ihrem Mund.

Henk legte das Gewehr wieder an und stellte sich in Position.

Knut schloss die Augen. Nur noch ein letzter Funken Hoffnung. *Sich selbst ausknipsen in höchster Not.* So wie die Kaninchen, die sie früher hatten. Wenzel, Milli und Laika mit dem Dalmatiner-Auge. In der Nacht hatte ihr Todesschreien ihn aus dem Schlaf gerissen. Ein Fuchs war in das Gehege eingedrungen. Sein Bruder Oskar hatte sofort reagiert und konnte ihn verjagen. Wenzel, Milli und Laika lagen auf dem Stroh. Unverletzt. Als würden sie schlafen. Er und Oskar konnten gar nicht begreifen, dass sie tot waren. Bis sie die in ein Handtuch gewickelten Fellbündel unter dem Rhododendron begruben und drei kleine Kreuze aus Ästen in die Erde steckten. Ihr Vater hatte ihnen erklärt, dass Kaninchen in Todesangst oft einen Herzinfarkt erlitten und so quasi in der Lage waren, sich selbst auszuschalten, bevor sie gefressen wurden.

Henk entsicherte das Gewehr. Knut hatte den Impuls, sich die Ohren zuzuhalten, aber er tat es nicht. Er wollte nicht weghören und nicht wegsehen. Wenigstens das nicht. Er öffnete die Augen wieder. Und atmete. Ein und aus. Ein und aus. Und wartete auf den Schuss.

Zweie, die mich decken, zweie, die mich wecken ... Esther fixierte krampfhaft eine Stelle auf dem Boden, um nicht hinsehen zu müssen. Unwillkürlich hatte sie angefangen zu beten. *Vierzehn Engelein um mich stehn ...* Das Gebet, das Oma immer vor dem Einschlafen mit ihr gebetet hatte, wenn sie bei ihr war. Oma, die nie verstehen konnte, dass ihr Enkelkind nicht getauft war und bei ihren atheistischen Eltern ohne Erziehung im christlichen Glauben aufwuchs. Aber was für ein Glauben sollte das auch sein? An welchen Gott? *Zweie, die mich weisen, zu Himmels-Paradeisen ...* Was für ein Gott war das? In dessen Plan das hier gehörte? Dass Selin vor ihrer aller Augen ...? *Gott ist tot.* Wann genau hatte Nietzsche das geschrieben? 1882? 1887? Esther versuchte sich an ihre Aufzeichnungen zu erinnern. An die Stunde, wo sie bei Kreilich darüber gesprochen hatten. Gott ist tot. Wir haben ihn getötet. *Zwei zu meiner rechten, zwei zu meiner linken ...* Sie hörte, wie Henk etwas sagte, und starrte weiter auf den Spalt im Parkett, der ihr wie das Tor zu einer Hölle schien, die im Begriff war, die ganze Welt zu verschlucken.

Sein Kiefer schmerzte. Philipp hatte die Fäuste so fest geballt, dass die Fingernägel in die Handballen schnitten. Gab es so etwas wie die Stufen des Entsetzens? Er schaute auf Selin. Ihr Anblick hatte sich in jede Faser seines Körpers eingebrannt. Der Kissenbezug über ihrem Kopf, die Lache um ihre Füße. Sie waren durch alle Stufen gegangen, bis zur äußersten. Philipp fühlte sich jetzt auf seltsam fatalistische Art bereit. Mach endlich. Drück endlich ab.

»Nein, das wäre zu simpel.« Henk drückte nicht ab. »Wo bleibt da die ethische Herausforderung?«

Er machte weiter. Philipps Ohren fingen an zu pfeifen. Das war noch nicht die äußerste Stufe.

Henk nahm eine Hand vom Gewehr und streckte sie Arne hin. »Wir machen es anders. – Gib den Schraubenschlüssel!«

Arne zog den Schraubenschlüssel aus seinem Hosenbund.

Henk deutete auf Philipp. »Nimm ihn.« Philipp verstand nicht. »Ja, du. Nimm ihn!«, wiederholte Henk.

Zögernd nahm Philipp das Werkzeug. Es war schwer und warm von Arnes Körper.

»So, deine Entscheidung«, sagte Henk. »Mach es und wir lassen dich und die anderen frei.«

Das Pfeifen in Philipps Ohren wurde immer lauter. »Ich ...?«

Nun schauten auch Knut, Esther und Manu auf.

»Ja, du hast es in der Hand.« Henk deutete mit dem Gewehrlauf auf Selins Kopf unter dem Kissenbezug. »Eine oder alle, moralisches Dilemma, Weichensteller-Dings, ein volles Flugzeug mit Terroristen drin abschießen ... die ganzen Gedankenspiele ... – Hier ist es real und du hast die Wahl. DU kannst jetzt deine Freundin killen, um die anderen zu retten. Also, was machst du?«

Henks Augen waren wie Eis und er sprach ohne jedes Gefühl. Philipp schaute auf den Schraubenschlüssel in seiner Hand und dann auf Selin, die von Arne und Liam ein Stück vorgeschoben wurde. Philipp sah ihren hängenden Kopf, ihre schmalen Schultern. Das Pfeifen hörte auf. Er war wie gelähmt. Es gab keine Entscheidung. Was auch immer er tat oder tun würde, war falsch.

»Also, gehts jetzt mal voran«, sagte Arne.

Henk drückte den Gewehrlauf wieder an Selins Kopf, den Finger am Abzug. »Sonst muss ich es machen. Ich zähle bis drei. Eins ...«

Selin nahm alles um sie herum nur noch wie durch einen Schleier war. Die stickige Luft unter dem Bezug hatte sie benommen gemacht. Ihre Arme waren taub. Die Hände, die sie festhielten, spürte sie nicht mehr. Seltsam unbeteiligt hörte sie Henks Stimme.

»... zwei ...«

Für eine Sekunde hatte sie das Gefühl, sie könne durch den Bezug hindurch Philipps Gesicht sehen. So klar und scharf, dass es weh tat.

Wie er vor ihr stand ... und überlegte, was er tun sollte ... – Er war ihr Freund. Wie konnte sie an ihm zweifeln? Wie konnte sie nicht an ihm zweifeln? Alles war Zweifel. Es gab nichts mehr, dessen sie sich sicher war. Niemand, dem sie traute.

»... drei.«

Selin atmete flach. Sie wartete. Aber nichts passierte. Kein Schuss, kein Schlag. In ihren Ohren rauschte das Blut. Sie spürte, wie sich der Griff um ihren einen Arm löste. Ein dumpfes Geräusch, wie von einem fallenden Körper. War sie das? Aber sie stand doch noch?

»Lemmi?«

Selin horchte. Etwas in Henks Stimmlage hatte sich verändert.

»Lemmi!?«, rief Henk erneut.

Und Selin spürte, wie sich nun auch der Griff um ihren anderen Arm löste. Nichts hielt sie mehr fest. Sie griff den Bezug und riss ihn sich mit einer schnellen Bewegung vom Kopf. Für einen Moment war sie geblendet. Aber dann sah sie Liam.

Er lag vor ihren Füßen am Boden, reglos und seltsam in sich verdreht, wie eine hingeworfene Puppe. Den Mund offen, wie ein Fisch. Die Augen verdreht, dass nur noch das Weiße zu sehen war.

Henk schrie.

Und dann war alles anders. Der Umschwung vom Unglück zum Glück. *Peripetie*, so hieß das doch. Manuel verstand erst gar nicht, was los war. Hatte Selin Liam irgendwie erwischt? Irgendeinen K.-o.-Punkt getroffen? Plötzlich lag er am Boden. Mund und Augen aufgerissen wie im Moment einer überraschenden Erkenntnis. Lachte er? Und was war das für ein Geräusch, dieses elektrische Knacken? War das jetzt wieder eine neue Finte? Aber Henk wirkte selbst völlig überrascht. Er schrie und beugte sich über den Körper seines Bruders und rüttelte ihn. »Lemmi! Lemmi! Scheiße, reiß dich zusammen!« Liam rührte sich nicht. Arne glotzte völlig verdattert. Und Manuel und den anderen wurde klar, dass es ernst war.

Henk riss Liams T-Shirt auf und schlug mit der Faust auf dessen Brust, als könne er ihn so wieder aufwecken. Liam gab ein gedehntes Stöhnen von sich. Und Manuel meinte nun auch zu hören, woher das elektrische Knacken kam. Es war, als würde irgendetwas in Liams Brust leuchten. Unter der Narbe am Schlüsselbein zuckten kleine bläuliche Blitze durch die Haut. Wie Zündfunken von einem Taktgeber, der Liam wieder in Gang zu bringen versuchte.

»Seine Tabletten ... bestimmt hat er sie wieder nicht genommen!«, schrie Henk.

Der überlegene Unterton, der bei ihm sonst immer mitschwang, war weg. Er sah hoch zu Selin, die ihm am nächsten stand, und sagte erklärend: »Die aus der Tasche!« Und im gleichen Moment schien er selbst zu merken, wie absurd es war, dass er sich an sie wandte – an sie, die er gerade noch umbringen wollte.

»Mann, worauf wartest du?!« Er drehte sich weiter zu Arne. »Ruf den Notarzt, verdammt!« Er fing an, rhythmisch auf Liams Brust rumzudrücken.

Arne, den die ganze Situation zu überfordern schien, sah sich ratlos um. Er nahm sein Handy und fummelte daran herum. »Kein Akku mehr.«

»Dann nimm meins!« Henks Stimme überschlug sich fast.

Liam lag immer noch ganz ruhig da ohne sich zu rühren. Die weit geöffneten Augen starrten ins Leere. Aus seinem Gesicht war alle Farbe gewichen, es sah ganz grau und spitz aus. Und in ihm funkte auch nichts mehr. Vielleicht hatte Manuel sich das Leuchten unter der Narbe doch nur eingebildet.

»Hast du es?!«, drängte Henk. Er kämpfte immer weiter, presste auf Liams Brustbein und blies zwischen den Stößen Atemluft in dessen Mund.

Arne war zu der Ablage gegangen und suchte dort nach Henks Handy. Aber Knut kam ihm zuvor.

Trotz seines Knies hatte er es geschafft und war schneller.

Er hielt das Handy fest und sah Arne warnend an. »Keinen Schritt weiter – oder ...« Er hob drohend die Hand, bereit das Handy an die Wand zu schleudern. Arne blieb stehen und schaute unschlüssig zu Henk.

»Er hat es.«

»Mann, gib her!«, rief Henk. »Liam braucht sofort einen Notarzt. Sein Herz. Er stirbt sonst!«

Knut sah zu Henk und dem Gewehr neben ihm auf dem Boden.

Henk machte nicht mal den Versuch, danach zu greifen. Seine Macht war weg und in seiner Hilflosigkeit wirkte er nun fast lächerlich. Wie er da vor dem reglos daliegenden Körper kniete und pumpte. *Ah – ha – ha – ha – stayin' alive ...* immer schön im Takt, dachte Knut. Herzdruckmassage ... Beatmung. Genau wie sie es im Erste-Hilfe-Kurs an dem Dummy geübt hatten.

Und er hörte sich sagen: »Du kriegst das Handy nur gegen das Gewehr.«

Henk zögerte keine Sekunde. Er gab dem Gewehr neben ihm einen Stoß, sodass es über den Boden zu Knut schlitterte. Knut hob es auf.

»Das Handy«, rief Henk.

Aber Knut dachte nicht daran, es Arne zu geben. Stattdessen richtete er das Gewehr auf den pumpenden Henk. *Ah – ha – ha – ha ...*

Henk schaute verständnislos in die Mündung. »Was soll das?«

»Ja, genau, was soll das?«, wiederholte Knut und kalter Hass sprühte aus seinen Augen.

»Er stirbt! Siehst du das nicht?« Henk war kurz davor durchzudrehen. »Ruf den Notarzt, Mann!«, schrie er schrill.

Knut hielt das Gewehr unverwandt auf ihn gerichtet. Er dachte an sein Knie und hatte Lust, den Gewehrkolben in Henks Gesicht zu schlagen.

»Falls du dich fragst, warum ich das hier tue. Die Antwort ist ganz einfach.«

Henks Stimme klang jetzt ganz dünn. »Mein Bruder ...!«

Aber Knut fuhr fort: »Weil du es nicht anders verdient hast, weil es gut ist, wenn ihr alle verreckt, weil die Welt besser wird ohne euch.«

Henks Blick irrte flehend hin und her, von Arne zu Selin, von Esther zu Philipp, zurück zu Knut. »Was wollt ihr? Was soll ich tun?«

Selin, Manuel und Philipp reagierten nicht.

»Ich kann jetzt abdrücken.« Knut sah in die Runde. »Es war Notwehr.«

»Knut.« Esther trat zu ihm und legte ihm vorsichtig die Hand auf den Arm. »Hör auf.«

Knut stand da und guckte verwirrt. Als ob Esthers Stimme ihn aus einem dunklen Paralleluniversum geholt hätte. Widerstandlos ließ er sich von ihr das Gewehr abnehmen.

»Und jetzt das Handy.« Sie hielt ihm ihre Hand hin.

Esther hatte endlich wieder Klarheit. Sie war die ganze Zeit wie paralysiert gewesen, hatte alles nur noch wie durch eine Wand wahrgenommen. Als hätte ihr Gehirn einen Schutzschild zwischen sich und die Außenwelt gelegt. Aber jetzt wusste sie wieder, was richtig und was falsch war.

Selin lebte noch.

Liam lag da wie tot.

Henk war entwaffnet.

Und Knut wollte ihn töten.

»Das Handy«, sagte sie erneut.

Knut hatte endlich verstanden und reichte ihr langsam das Handy.

Esther wählte die 112. »Wir haben hier einen medizinischen Notfall.«

Henk, der Liam weiter verzweifelt beatmete und massierte, rief dazwischen. »Sag ihnen: Er hat Herzprobleme und einen Defi drin!«

Esther antwortete ruhig auf die Fragen der Stimme am anderen Ende. Wer? Wo? Wann? Was? Wie? Dann legte sie auf.

»Sie sind unterwegs. Wir sollen nicht aufhören: Beatmen und Herzdruckmassage.«

Die Minuten vergingen quälend langsam.

Henk kämpfte. Beatmen. Pumpen. Beatmen. Pumpen. Beatmen.

Es war beklemmend, dabei zuzuschauen. Arne kniete sich neben ihn auf den Boden. Die Sohlen seiner Schuhe zeigten nach oben. Sie sahen nackt und lächerlich aus.

»Wo ... bleiben ... die ... denn ...« Henks Stimme war nur noch ein tonloses Krächzen. Er war am Ende.

Einen Moment hatte Esther fast Mitleid mit ihm. Sie überlegte, ob sie ihm helfen sollte, ließ es dann aber doch.

VIER.

Das Licht war schon von Weitem zu sehen. Blau flackernd strich es durch die Krone des Apfelbaums. Der Krankenwagen und das Auto des Notarztes rollten auf das Grundstück. Die Sanitäter und der Arzt kamen ins Haus. Mit den medizinischen Masken im Gesicht sahen sie irgendwie alle gleich aus. Sie erkundigten sich knapp, was genau passiert war, und erfassten, dass Henk der nächste Angehörige war. Während der Notarzt Liam untersuchte, befragte er Henk nach der Krankengeschichte und gab knappe Anweisungen. Routiniert führten die Sanitäter die Reanimationsmaßnahmen durch. Adrenalin, Intubation, Sauerstoff, Defi ... Selin hatte genug Krankenhausserien gesehen, um zu wissen, was Sache war.

Ihr Blick ging zu Henk, der blass auf dem Sofa saß, den Kopf in die Hände gestützt. Arne reichte ihm linkisch ein Glas Wasser. Statt Hass und Wut spürte Selin in sich nur noch Verachtung. Der, der bis eben ihr größter Feind und Peiniger gewesen war, erschien ihr jetzt nur noch als arme Wurst. Alles Böse klein und mickrig. Kaum vorstellbar, dass dieser Typ, der so um seinen Bruder bangte, auch das Arschloch war, das sie gequält und misshandelt hatte.

Esther fragte, ob die Sanitäter irgendwas bräuchten, ob sie irgendwie helfen könne. Der Notarzt verneinte.

Nach einer Weile ließen die Sanitäter von Liam ab und erhoben sich. Henk sprang auf. Selin versuchte in den Gesichtern der Sanis zu lesen, ob ihre Bemühungen erfolgreich waren oder nicht. Der Notarzt tauschte sich kurz mit ihnen aus und erklärte Henk dann nüchtern, dass es erst mal gelungen sei, Liams Kreislauf zurückzuholen und zu stabilisieren.

»Sie müssen sich das so vorstellen: Das Herz Ihres Bruders ist ins

Stolpern geraten. Der implantierte Defi sprang an. Aber vermutlich hat er irgendeinen Defekt. Genau kann man das erst nach gründlicher Untersuchung sagen. Auf jeden Fall hat der Impuls nicht gereicht und es kam zu einem Herzstillstand. Asystolie.«

Henk schluckte. »Wird mein Bruder ...?«

Die Sanis waren rausgegangen und kamen mit der Trage zurück, die sie durch den Flur ins Wohnzimmer rollten.

»Ohne Reanimation wäre Ihr Bruder gestorben. Wir hoffen, er bleibt stabil. Ob das Hirn oder andere Organe bleibende Schäden davongetragen haben, kann ich nicht sagen. Wir nehmen ihn jetzt für weitere Untersuchungen und zur Beobachtung mit ins Krankenhaus.«

»Ich komme mit.«

Arne schaute schnell zu Henk. »Ich auch.«

Der Notarzt setzte an, um zu erklären, dass das leider nicht möglich war, aber Henk fiel ihm ins Wort.

»Bitte.«

Der Widerschein des Blaulichts malte grotesk verzerrte Schattenbilder auf die Wand hinter Hanika. Aus dem Haus drang gedämpft Telemanns Jaulen. Der Hund mochte es nicht, eingesperrt zu sein.

Hanika zog fröstelnd den Frotteemantel fester um sich. Er stand hinter der Hecke. Durch die löchrigen Filzlatschen an seinen nackten Füßen kroch die Feuchtigkeit der Nacht.

Als der Lärm ihn geweckt hatte, war sein erster Gedanke gewesen, dass die drüben wieder Party machten. Motorengeräusche, das Schlagen von Autotüren, Stimmen. Hanika war aufgestanden und hatte das Geschehen auf dem Nachbargrundstück von seinem Posten aus beobachtet. Ein Krankenwagen stand auf dem Gelände. Offensichtlich eine ernste Sache. Die Sanitäter und der Notarzt waren im Haus. Als sie schließlich mit einer Trage herauskamen, konnte Hanika nicht genau erkennen, wer darauf lag. Eine Sauerstoffmaske verdeckte das Gesicht. Ein Sanitäter trug einen Infusionsbeutel neben der Trage her und befestigte ihn am Galgen im Inneren des Wagens. Zwei von den jungen Männern, die zuletzt gekommen waren, folgten den Sanitätern. Nach einer kurzen Diskussion stiegen sie mit dem Notarzt in den anderen Wagen. Die Türen schlugen zu. Beide Fahrzeuge rollten langsam vom Grundstück.

Hanika schaute zum Haus. Von der Entourage der jungen Boehme hatte sich draußen keiner blicken lassen. Die Fenster waren hell erleuchtet. Dahinter bewegten sich Schatten. Am Horizont schimmerte bereits ein heller Lichtstreifen. Laut Wettervorhersage sollte es wieder ein heißer Tag werden. Hanika wandte sich ab, um wieder hineinzugehen. Im Flur sprang Telemann schwanzwedelnd an ihm hoch. Hanika tätschelte ihn. Er würde sich noch mal hinlegen und versuchen noch etwas zu schlafen.

Sie waren weg. Esther erinnerte sich, dass sie das schon einmal gedacht hatte. Es war nur ein paar Stunden her. Aber diesmal gab es kein Zurück. Henk, Liam und Arne würden nicht wiederkommen.

Seitdem die Sanitäter und der Arzt gefahren waren, herrschte Stille.

Eigentlich müssten sie alle erleichtert sein, aber da war nur ein dumpfes Gefühl. Esther fuhr sich durch das fettige Haar. Ihr Top roch scharf nach Schweiß. Sie musste dringend duschen. Aber sie hatte nicht die Kraft aufzustehen.

Sie saß mit den anderen schweigend im Wohnzimmer. Alle hatten die Blicke gesenkt, sie wollten einander nicht ansehen. Das Gewehr stand in der Ecke. Jemand musste es aufgeräumt haben. Knut machte einen halbherzigen Versuch, seinen Arm um Esther zu legen, aber sie rückte von ihm ab. Sie konnte den verzerrten Ausdruck auf seinem Gesicht nicht vergessen, als er auf Henk gezielt hatte, bereit abzudrücken. Und auch die anderen waren ihr fremd geworden. Esther wusste, was sie von ihr gedacht hatten, als sie aus dem Haus geflohen war. Dass sie deren Leben aufs Spiel gesetzt hatte. Was wäre gewesen, wenn Henk aus Rache wirklich Selin, Knut, Philipp oder Manu erschossen hätte? Was wäre gewesen, wenn es ihr wirklich gelungen wäre, Hilfe zu holen?

Esther hatte das Gefühl, dass sie alle sich gegenseitig verraten hatten. Und sie alle trauten sich selbst nicht mehr.

Der Notarzt hatte angeboten, sich auch Knuts und Selins Verletzungen anzusehen. Aber beide wollten nicht mit ins Krankenhaus. Sondern so schnell wie möglich zurück in die Stadt, wie auch die anderen.

Esther schaute auf ihr Handy. Es hatte draußen neben dem Hackklotz im Gras gelegen. Das Display war zersplittert, aber die Elektronik hatte den Schlägen widerstanden und das Gerät funktionierte noch. Esther wischte durch die Liste der verpassten Anrufe. Ihre Eltern hatten es mehrmals versucht. Und Leonie. Auf der Mailbox war eine Nachricht von der Polizei, die sie wegen der Anzeige zu einer mündlichen Zeugenaussage aufforderte.

»Ey, Leute.« Manuel, der zusammengekauert am Boden hockte, zeigte plötzlich Richtung Tisch. Alle folgten seinem Blick. Auf dem Tisch stand immer noch das offene Mayonnaise-Glas. Über dem Stuhl davor hing Liams Trainingsjacke. »Das gibts doch nicht.«

»Nee, oder?«, stöhnte Selin.

»Das ist jetzt ein schlechter Witz«, sagte Philipp. »Nicht schon wieder.«

Manuel war aufgestanden und nahm die Jacke. Etwas darin schlug hart gegen die Lehne. Manuel griff in die Seitentasche, zog den Gegenstand heraus und guckte verwirrt darauf. Esther sog scharf die Luft ein.

Es war der Zauberwürfel. Die Farbflächen waren abgegriffen, sodass sie kaum mehr zu erkennen waren.

Manuel starrte immer noch ungläubig darauf.

»Aber dann ...«, sagte er und hob den Blick, ohne den Satz zu vollenden.

Esther schaute in die ratlosen Gesichter der anderen.

Kapierten sie es nicht?!

Spätestens jetzt musste doch allen klar werden, was wirklich passiert war ... nach der Tankstelle ... die Verkettung der Ereignisse ... die Folgerichtigkeit des Unheils ... die Logik der Eskalation ... das alles war eigentlich nur –

– Aber dann merkte Esther, dass auch sie es nicht wirklich kapierte.

Und so ging es auch den anderen.

Nur eins war klar:

Sie waren am Leben. Nicht weniger, aber auch nicht mehr.

Das Haus lag still und friedlich im goldenen Licht. Leonie klinkte das Tor auf. Ihr Herz klopfte. Sie hatte lange nachgedacht und jetzt war sie sich sicher. Sie hatte den ersten Regionalzug genommen und war die letzten Kilometer vom Bahnhof gelaufen. Den Weg durch die Felder. In der aufgehenden Sonne sah die Landschaft wie verzaubert aus. Leonie nahm das als gutes Omen. Sie hatte ganz vergessen, wie unglaublich schön es hier war. Sie ging die Treppe zum Hauseingang hoch. Die Tür stand offen.

»Hallo?« Leonie trat ein und blieb irritiert stehen. Auf dem Boden verstreut lagen Einweghandschuhe, aufgerissene Packungen von Kanülen und Kompressen.

Leonie spürte, wie ihre Brust eng wurde. Scheiße, etwas musste passiert sein! Sie rief erneut »Hallo?« und aus dem Wohnzimmer kam ihr eine Gestalt entgegen. Manuel. Leonie sah ihn erschrocken an. Er sah dünn und ganz blass aus, seine Augen lagen tief in den Höhlen.

Manuel war ebenfalls stehen geblieben. Mit hängenden Schultern stand er vor ihr, sah sie einfach nur an, ohne ein Wort zu sagen. Hinter

ihm bemerkte Leonie nun auch die anderen, die schweigend im Wohnzimmer saßen.

»Manu ... was ... was ist passiert?«

Manuel schüttelte nur den Kopf. Eine kleine, müde, kaum wahr-
nehmbare Bewegung. War das schon die Antwort? Die Antwort auf
die Frage, wegen der Leonie gekommen war? Nein, das konnte nicht
sein. Leonie trat noch einen Schritt auf Manuel zu und sagte die Sätze,
die sie in Gedanken hundertmal abgewogen und durchgespielt hatte.
Sie brachen förmlich aus ihr heraus: »Manu, ich bin hier, weil ich mit
dir sprechen muss. Ich hab die ganze Zeit versucht, dich zu erreichen.
Du gehst nicht an dein Handy und beantwortest keine Nachrichten.
Ich habe nachgedacht. Und ich weiß jetzt, dass es ein Fehler war. Du
bist der Mensch, den ich wirklich liebe. Und ich möchte unserer Beziehung eine zweite Chance geben.«

Leonie atmete tief durch. Jetzt hatte sie es gesagt. Und Manuel das
Innerste ihres Herzens offenbart. Ihre Hände waren kalt und feucht
vor Aufregung. Sie schluckte.

Manuel stand immer noch mit hängenden Schultern vor ihr und
schaute durch sie hindurch, als wäre sie ein Geist.

»Manu?«, fragte Leonie unsicher. Hatte ihre Initiative ihn positiv
überrascht oder wusste er nicht, wie er Nein sagen sollte?

Statt einer Antwort machte Manuel noch einen Schritt auf sie zu
und fiel ihr in die Arme. Überrumpelt hielt Leonie ihn fest. Sein Körper
fühlte sich ganz schlaff und weich an, als sei alle Spannung aus ihm
gewichen. Manuels Schultern zuckten. Leonie hörte sein Schluchzen.
Zögernd legte sie ihre Hand auf seinen Rücken und streichelte ihn vorsichtig.

»Hey, Manu? Was ... ist denn los?«, sagte sie leise – und sie spürte,
wie etwas Warmes in ihr aufstieg: ein Gefühl von Zärtlichkeit und Ver-
wirrung gleichzeitig.

Manuel barg den Kopf an ihrer Schulter und wimmerte leise. Sie
verstand kaum, was er sagte.

»Es ist vorbei, Leonie.«

»Was ist vorbei?«, fragte Leonie und ließ ihn los.

Manuel hob den Kopf und seine Augen blickten wieder durch sie hindurch ins Leere.

»Alles«, sagte er tonlos. »Alles.«

NACHWORT

Dieses Buch ist eine Geschichte der Angst.

Vor allem auch meiner Angst.

Der Angst vor Gewalt, Hilflosigkeit und Ausgeliefertsein.

Der Angst, im Ernstfall nicht so couragiert zu sein, wie ich es gerne wäre.

Der Angst, keine Antwort auf die Frage zu haben, was unter den Bedingungen von Terror und Gewalt genau zu tun ist.

Der Angst vor dem radikalen Bösen, das keinen Grund braucht zu tun, was es tut, sondern es einfach tut, weil es es kann.

Diesen Ängsten wollte ich mich schreibend stellen. Ich wollte sie mit der Geschichte gleichsam umzingeln, um sie so zu bezwingen und am Ende doch Antwort auf die Frage zu finden.

Es ist mir nicht gelungen.

Und es gehört zu den Zumutungen dieses Buches, dass es am Ende keine Antwort gibt.

FREUNDSCHAFT UND LÜGEN

Susan Kreller
HANNAS REGEN
Hardcover
208 Seiten
ISBN 978-3-551-58475-5
Auch als E-Book erhältlich

JOSEFIN IST EINE VON DER SORTE *Ich verlass mich auf dich.* Eine, die angerufen wird, wenn sonst keiner Zeit hat. Die nur aus Versehen mitfotografiert wird. Als Hanna neu in ihre Klasse kommt, hofft Josefin, endlich eine Freundin zu finden. Aber Hanna verhält sich seltsam, ganz so, als sei sie schon fast wieder weg. Sie ist still und abweisend, in sich selbst verborgen. Als sich die beiden Mädchen wider Erwarten doch anfreunden, wird Josefin klar, dass mit Hanna etwas nicht stimmt. Ist sie in Gefahr? Muss sie beschützt werden? Und ist Hanna am Ende gar nicht die, für die sie sich ausgibt?

EINE KLASSENREISE INS UNGEWISSE

Tamara Bach
SANKT IRGENDWAS
Hardcover
128 Seiten
ISBN 978-3-551-58430-4
Auch als E-Book erhältlich

WER KANN SICH NICHT AN SEINE KLASSENREISEN ERINNERN, an ungerechte Lehrer und das Gefühl, diesen einen Moment für immer festhalten zu wollen? Irgendetwas ist schrecklich schiefgegangen auf der Klassenfahrt der 10b. Das sagen zumindest die anderen. Und dass es deshalb heute Abend eine Klassenkonferenz mit ALLEN Eltern gibt. Aber keiner weiß, was genau passiert ist. Eine Art Machtkampf zwischen Schülern und Lehrern. Ob in dem Protokoll mehr steht? Und ob wirklich eine ganze Klasse von der Schule geschmissen werden kann?